イラストでわかる日本のしきたり

はじめに

私たちの先祖は、この日本列島に移り住んで以来、たゆまず生産と消費の活動を営み、社会を形成してきました。

この列島は自然に恵まれ、山や川などの起伏に富み、気候の変化も多様です。こうした環境の中で暮らしてきた日本人は、風情豊かな生活様式を編み出し、実に多彩な文化を育んできたといえるのではないでしょうか。

季節は自然の変化をもたらし、農業にも重要な影響を与えます。農業の指針となる季節の変化が暦を作ったということは、世界のいろいろな地域に共通することです。日本では四季の変化を実に細かく分けて二十四節気とか雑節を設け、生活の中で上手に活かしてきました。

人間は一人では生きられず、共同体の中で助け合いながら暮らしています。とくに農作業などは近隣との共同作業が多く、それを通じて人と人との絆を強めてきたといえます。

日常の生活において助け合うことはもちろん、さまざまな行事や祭りなどを通し、共同体での仲間意識を共有してきたとも考えられます。今はさまざまな施設で行われることが多くなった冠婚葬祭も、本来は隣近所が手伝って行うのが習わしでした。

結婚は嫁入婚が多く、新しく輿入《こしい》れしてきた新嫁は隣近所から集まったお手伝いの人たちへの披露を兼ねて地域の輪の中に入り、翌日からは女性同士の仲間入りができるようになっていたのです。葬式も以前は自宅で行われ、隣近所の人たちが手伝って会葬者への接待が行われていました。このような風習の中で近隣の結合が強まり、いざというとき支え合う共助の文化が育まれてきたといっても過言ではありません。しかし最近は「隣は何する人か」という風潮が多くなったと感じています。

季節の変化にそった暮らし方、共同体でのつきあい方、冠婚葬祭のやり方、子どもの成長にともなう儀礼の様式など、人間が生きていく上での指針は、先祖以来の経験の積み重ねによって伝えられてきました。それが「しきたり」として受け継がれてきたものなのです。

「しきたり」というのは人間が暮らしていく上で、無理なくやるべき行為や方法を教えてくれます。たとえばエスカレーターの左側に立ち、右側は人が歩けるようにする配慮などは、それによって急ぐ人が通りやすくするための知恵といえるでしょう。社会の中で、人間関係にいざこざがおきないように自然に成り立った法則、それが、いつのまにか社会の「しきたり」になるのです。

このように「しきたり」は人が社会で生きるための自然の約束事でもあります。気候の移り変わりや人間の成長に応じた行事には、人間は自然や親、多くの人への感謝の気持ちを忘れてはいけないということを教えてくれるものが多くあります。私はそういうことが「しきたり」だと考えています。

飯倉晴武

第2章　自然をこよなく愛する日本人の年中行事

第3章　訪問ともてなし、贈答のしきたり

第4章　人生の節目の儀式

第5章　結婚のしきたりと作法

第6章　手紙と賀状のしきたり

第7章　葬式、法事のしきたりと作法

「しきたり」は時代や地域、宗教、家風などによって異なる伝統や風習、伝聞、解釈があります。

第1章　日本のしきたりの源《みなもと》

日本の風土と日本人の自然観

日本は四方を海に囲まれ、山や川、平野に恵まれています。また四季折々の変化が鮮やかな国で、人々は春の桜を愛し、秋の紅葉に親しみ、それぞれの人生を彩《いろど》ってきました。このように自然に恵まれ、自然を大切にして生きてきたことが、日本人の価値観や暮らし方に大きく影響を与えてきたといえます。

和服の美しさもそのひとつといえます。これは自然の恩恵から生まれたものです。和服についたさまざまな美しい模様、たとえば春の梅、夏の菖蒲、秋の紅葉、冬の松柏《しょうはく》などは日本人の季節感と調和した表現です。

そのうえ、和服の色は白がベースになっていますが、これは「雪」「月」などの自然景観をイメージしているからです。青色を好む人は、山や湖などの自然環境が好きなのかもしれません。「花鳥風月」という言葉にも、自然を愛してきた日本人の心が表れています。月を愛でて歌を詠《よ》み、管弦の遊びに興ずる習わしもあります。なかでも、旧暦の八月十五日の満月は有名で、「仲秋《ちゅうしゅう》の名月」と呼び、月見の祭りが行われます。

四季の変化は日本人の古代からの生産活動＝農業にも重要な影響を与え、そこにしきたりが生まれてきました。
長い歴史の中で培ってきた伝統や英知を受け継いでいきたいものです。

旧暦と新暦

日本で旧暦とよんでいる暦は太陰《たいいん》太陽暦《たいようれき》で、太陽暦にとって替えられるまで、日本ではその暦が使われていました。太陰太陽暦は中国を中心とした東アジアで広く用いられてきたもので、太陽の運行と月の満ち欠けとを組み合わせたものです。

しかし、月の満ち欠けの周期は約二十九日ですから、地球が太陽の周囲を回る公転による季節の変化にズレが生じ、農作業をする上で不便が生じました。そのズレを埋めるために用いられたのが、現在、私たちが使用している地球の公転に

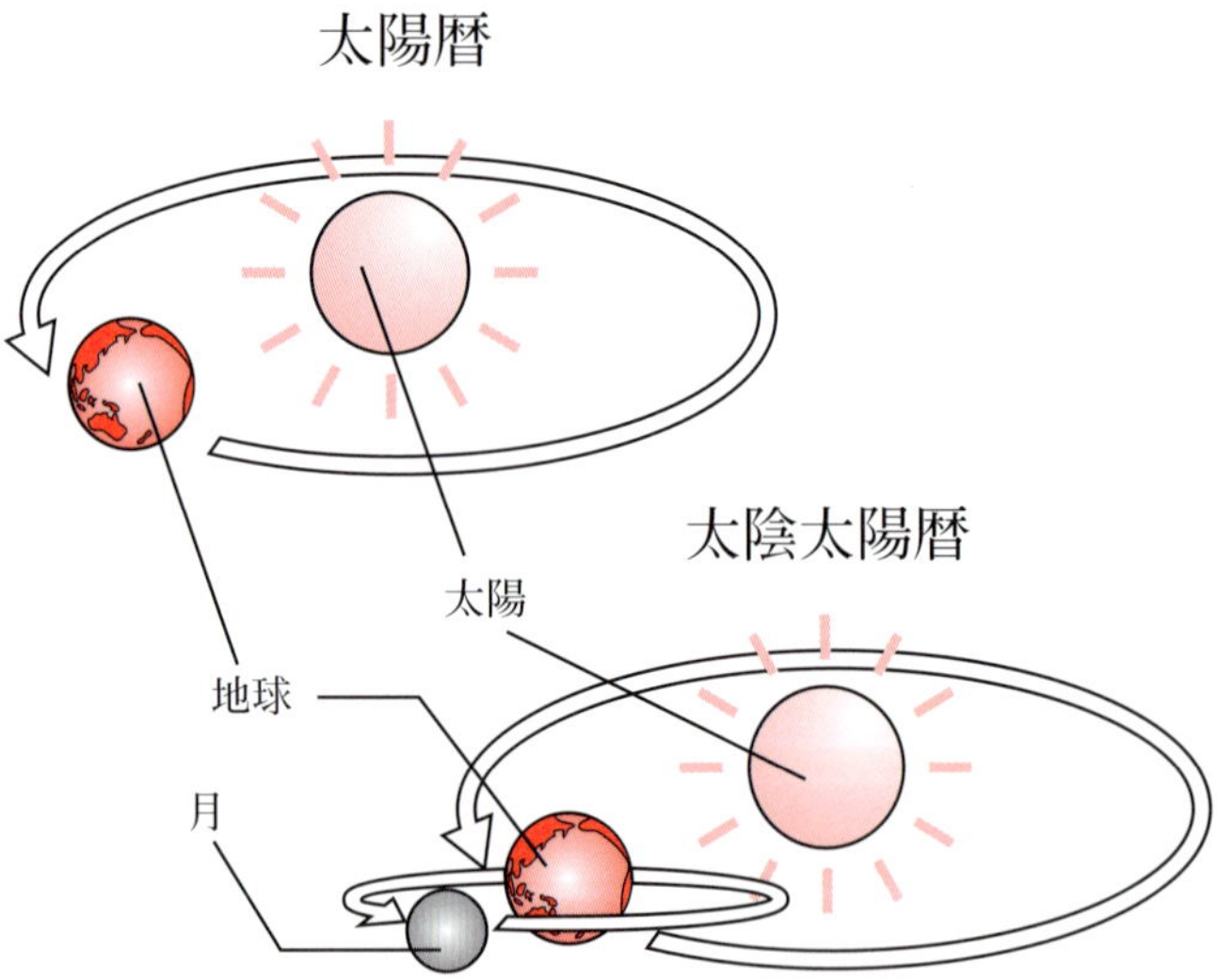

基づく新暦（太陽暦／グレゴリオ暦）で、日本で採用されたのは明治六年（一八七三）一月一日からです。この日は明治五年十二月三日（旧暦）を明治六年一月一日（新暦）にした改暦の日です。

月の満ち欠けとは無関係な太陽暦は日本だけでなく、世界共通の暦です。ローマ教皇グレゴリウス十三世が、それまでのユリウス暦を改定してつくったものとされています。

太陽暦は地球が太陽の周囲を一巡りする時間を一年とするもので、その時間は三百六十五日と五時間四十八分です。それを十二カ月として区分しますが、一カ月が三十日の月が四カ月（四月、六月、九月、十一月）、三十一日の月が七カ月（一月、三月、五月、七月、八月、十月、十二月）、それに二十八日の二月を加えたものです。この総日数が三百六十五日となるので、その余りの五時間四十八分を集めて四年に一回、閏日《うるうび》をつくります。それが四年に一回の二月二十九日というわけです。

旧暦と新暦では実際には約一カ月の相違がありますから、旧暦で行っていた行事を新暦の同じ日取りで行うと、さまざまな混乱が生じます。たとえば、お盆を旧暦の七月十五日を新暦の七月十五日に移すと、まだ梅雨の季節で雨が多く、墓参も容易ではなく、農作業も忙しいため、一カ月遅れの新暦八月十五日に行うところが多くなりました。

このように、地方によっては新暦を基準にしながら、季節感のズレを解消し、実際の実施に支障が生じないよう、工夫しているところもあります。沖縄では現在も多くの行事は旧暦で行われています。

旧暦日付と月の形

一日
新月《しんげつ》（朔《さく》）

二日
二日月《ふつかづき》

三日
三日月《みかづき》

四日
四日月

五日
五日月

三十日
晦日《つごもり》・三十日月《みそかづき》

二十九日
二十九日月

二十八日
二十八日月

二十七日
二十七日月

二十六日
二十六日月

二十五日
二十五日月

二十四日
二十四日月

二十三日
下弦《かげん》の月

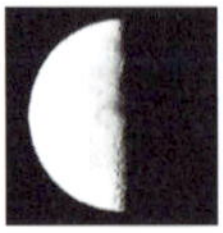

二十二日
二十二日月

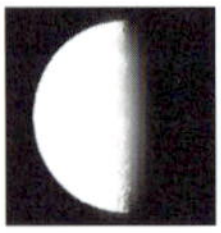

二十一日
二十一日月

十日
十日月
九日
九日月
八日
上弦《じょうげん》の月
七日
七日月
六日
六日月
十一日
十日余《とおかあまり》の月
十二日
十二日月
十三日
十三夜月《じゅうさんやづき》
十四日
待宵月《まつよいづき》
十五日
十五夜《じゅうごや》
満月《まんげつ》
十六日
十六夜月《いざよいづき》
十七日
立待月《たちまちづき》
十八日
居待月《いまちづき》
十九日
寝待月《ねまちづき》
二十日
更待月《さらまちづき》

二十四節気

地球が太陽の周りを回る一年間の周期を基準にして、四季の変化を判断できるようにしたのが二十四節気《にじゅうしせっき》です。これは農耕の指針として中国で考案され、暦とともに日本に渡来したといわれています。これは太陰暦による季節のズレを正し、春夏秋冬の季節を正しく示すために一年を二十四に分けたものです。

旧暦の正月前後の立春（新暦の二月四日頃、その前日が節分）や彼岸の中日の春分、秋分、暑中見舞いから残暑見舞いに挨拶が変わる立秋、一年の中で最も昼間が長く夜が短い夏至、昼間が最も短い冬至、最も寒い時期の大寒なども二十四節気の一つです。

旧暦では立春を基準に決めていますが、現在は国立天文台が計算して毎年二月に翌年の二十四節気の日取りを決めて発表しています。

しかし、二十四節気は中国の気候に基づいて名付けられていますので、日本の気候と合わない名称や時期もあります。それを補うため、二十四節気のほかに土用、節分、彼岸、八十八夜、入梅など季節感を表す「雑節」と呼ばれる季節の区分けも取り入れています。

立春の前日に行われる節分は、太陽暦を基にした行事ですが、多くの年中行事は旧暦の日付で行われています。ひな祭りや七夕も、それぞれ旧暦の三月三日、七月七日に行われていたものを、そのまま新暦にずらして行うようになりましたが、新暦の七月七日はまだ梅雨が終わらず、雨で七夕飾りが濡れたり、星空が見えなかったりするので一ヶ月ずらして行う所が多くなりました。八月七日の仙台の七夕祭りが有名です。

二十四節気は太陽を回る地球の動きをもとにしているので、現行の太陽暦の月日と、ほぼ対応しています。従って、現在では二十四節気を知らなくとも、太陽暦の月日だけで季節を知ることができます。

二十四節気を、表として次頁に掲載しました。

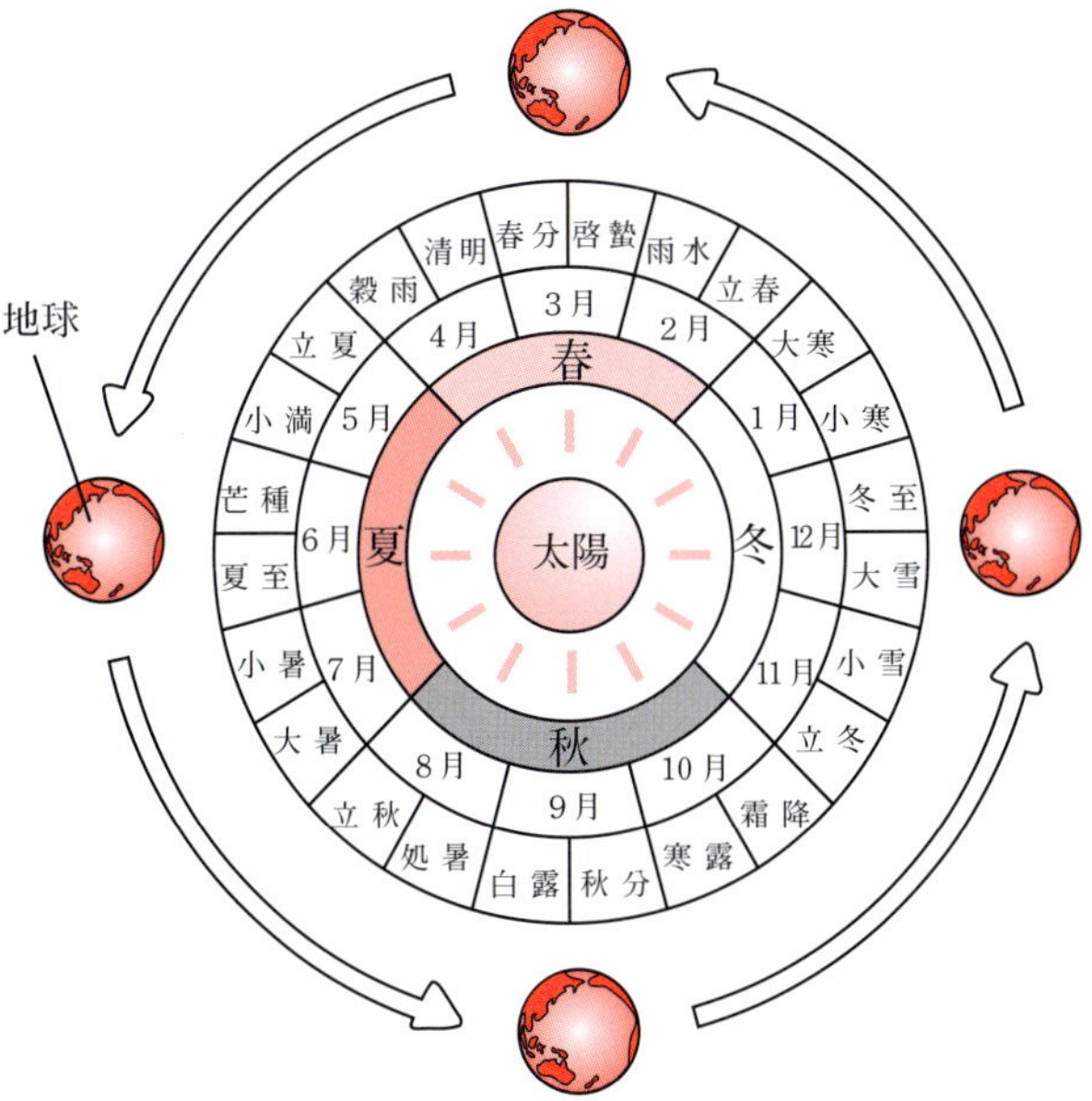

春

名称	新暦の目安	意味
立春（りっしゅん）（正月節）	二月四日	暦のうえで春が始まる日。節分の翌日。
雨水（うすい）（正月中）	二月十八日～十九日	雪氷が融けて雨が降り出すころ。
啓蟄（けいちつ）（二月節）	三月五日～六日	土中にいた虫が地上に這い出すころ。「啓」は開く、「蟄」は虫が隠れるという意。
春分（しゅんぶん）（二月中）	三月二十日～二十一日	春の彼岸の中日で、昼夜の長さがほぼ等しくなる日。
清明（せいめい）（三月節）	四月四日～五日	清らかで明るい季節という意。
穀雨（こくう）（三月中）	四月二十日～二十一日	春雨が降って、穀物を成長させるころ。

夏

名称	新暦の目安	意味
立夏（りっか）（四月節）	五月五日～六日	夏の始まりの日。
小満（しょうまん）（四月中）	五月二十一日	万物が充満し、草木枝葉が繁る季節。
芒種（ぼうしゅ）（五月節）	六月五日～六日	麦など芒（穀物の堅い毛）のある穀物の種をまくころ。
夏至（げし）（五月中）	六月二十一日～二十二日	昼が最も長く、夜が最も短くなる日。
小暑（しょうしょ）（六月節）	七月七日～八日	この日から暑さが厳しくなる。
大暑（たいしょ）（六月中）	七月二十二日～二十三日	暑さが最高に達する日。

雑節

節分（せつぶん）
二月三日頃で、立春の前日の季節の分かれ目という意味。

彼岸（ひがん）
三月二十一日頃の春分と、九月二十三日頃の秋分を中日とし、前後三日ずつ、合計七日間。先祖の供養のため、お墓参りをする。

社日（しゃにち）
春分、秋分に最も近い戊《つちのえ》の日で、春は豊作を祈り、秋は収穫に感謝する。

八十八夜（はちじゅうはちや）
五月二日頃で、立春から数えて八十八日目にあたる。

入梅（にゅうばい）
六月一日頃で、梅雨《つゆ》に入る日。

秋

名称	新暦の目安	意味
立秋（りっしゅう）（七月節）	八月七日～八日	秋の始まりの日。
処暑（しょしょ）（七月中）	八月二十三日～二十四日	暑さが終わり、涼風が吹くころ。
白露（はくろ）（八月節）	九月七日～八日	野草に露が宿るころ。
秋分（しゅうぶん）（八月中）	九月二十三日	秋の彼岸の中日で、昼夜の長さがほぼ等しくなる日。
寒露（かんろ）（九月節）	十月八日～九日	寒気で露が凍る手前のころ。
霜降（そうこう）（九月中）	十月二十三日～二十四日	霜が降り、冬が近づくころ。

冬

名称	新暦の目安	意味
立冬（りっとう）（十月節）	十一月七日～八日	冬の始まりの日。
小雪（しょうせつ）（十月中）	十一月二十二日～二十三日	初雪が降り始める季節。
大雪（たいせつ）（十一月節）	十二月七日～八日	雪が多くなるころ。
冬至（とうじ）（十一月中）	十二月二十一日～二十二日	夜が最も長く、昼が最も短くなる日。
小寒（しょうかん）（十二月節）	一月五日～六日	寒風や降雪が激しくなるころ。寒の入り。
大寒（だいかん）（十二月中）	一月二十日～二十一日	寒さが最高に達する日。

半夏生（はんげしょう）
七月二日頃で夏至から十一日目にあたり、梅雨の終期、田植え作業を終了する時期。

土用（どよう）
本来は、春夏秋冬に年四回あるが、今では七月二十四日から八月八日頃までの立秋前の「夏の土用」をさす。

二百十日（にひゃくとおか）
九月一日頃で、立春から数えて二百十日目のこと。稲の開花期や実る時期にあたる。

二百二十日（にひゃくはつか）
九月十一日頃で、立春から数えて二百二十日目で台風の到来も多く、稲の管理に注意を要する。

干支

干支《えと》は、子《ね》、丑《うし》、寅《とら》、卯《う》、辰《たつ》、巳《み》、午《うま》、未《ひつじ》、申《さる》、酉《とり》、戌《いぬ》、亥《い》の十二支に、十干《じっかん》である甲《きのえ》、乙《きのと》、丙《ひのえ》、丁《ひのと》、戊《つちのえ》、己《つちのと》、庚《かのえ》、辛《かのと》、壬《みずのえ》、癸《みずのと》を組み合わせたものです（十干十二支《じっかんじゅうにし》）。暦をはじめ、時間や方位を表わすのに用いられ、「六十干支《ろくじっしかん》」「天干地支《てんかんちし》」ともいわれています。

干支の起源は古代中国の天文学だといわれています。十干はもともと甲、乙、丙、丁……と、日を順に数える呼び名で、十日ごとに「一旬」とし、三つの旬（上旬、中旬、下旬）で一カ月になるため、広く用いられたといいます。

干支の組み合わせは六十通りあります。これが一巡するのを還暦といいます。現在、六十歳になると還暦祝いを行いますが、生まれ年の干支に戻ることを祝うという意味があります。

干支は、時刻や方位などを示すためにも使われ、子《ね》の刻は現在の午後十一時から午前一時の間の二時間とし、一日二十四時間を十二支で等分していきます。

方位では真北の方角を子として、順に丑、寅、卯……と配します。東は卯、南は午、西は酉になります。北東は丑と寅の中間なので丑寅《うしとら》、東南は辰巳《たつみ》、南西は未申《ひつじさる》、西北は戌亥《いぬい》とも呼んでいます。

北
11月
12月
1月
東
2月
3月
4月
5月
南
6月
7月
西
8月
9月
10月
水
木
火
金
土

時刻図

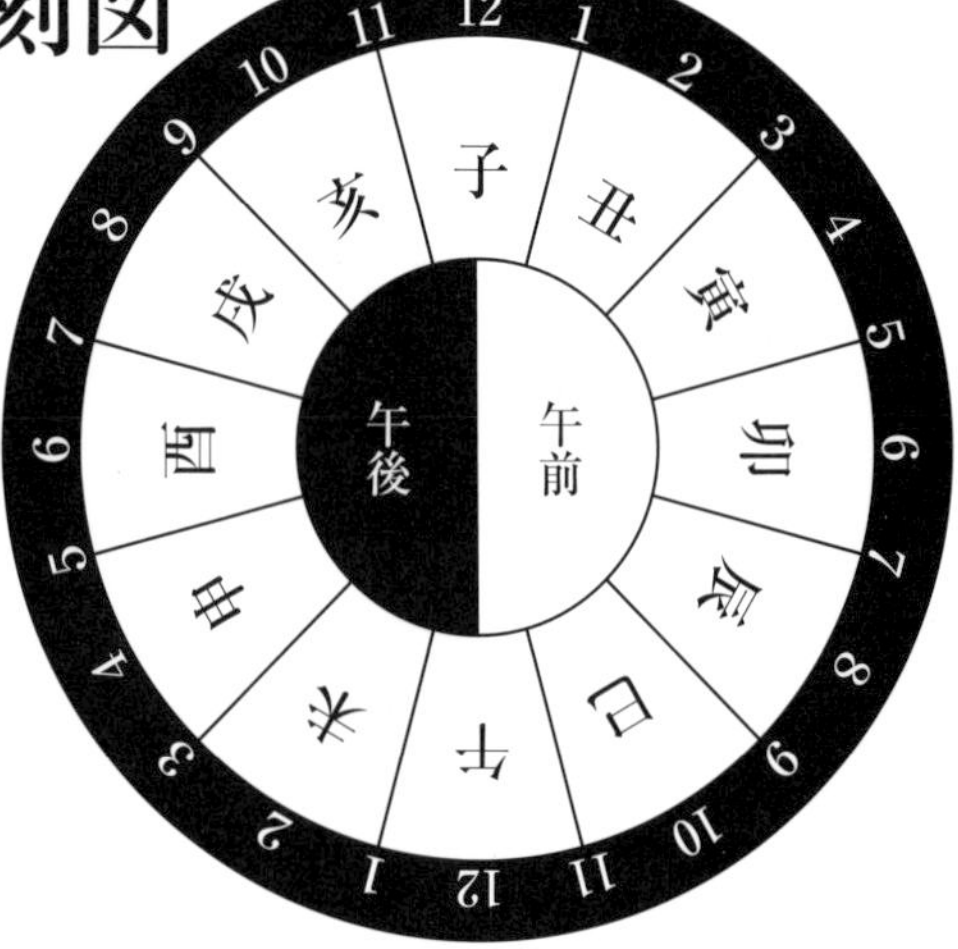

※子《ね》の刻《とき》・丑《うし》の刻《とき》という風に呼びます。

方位図

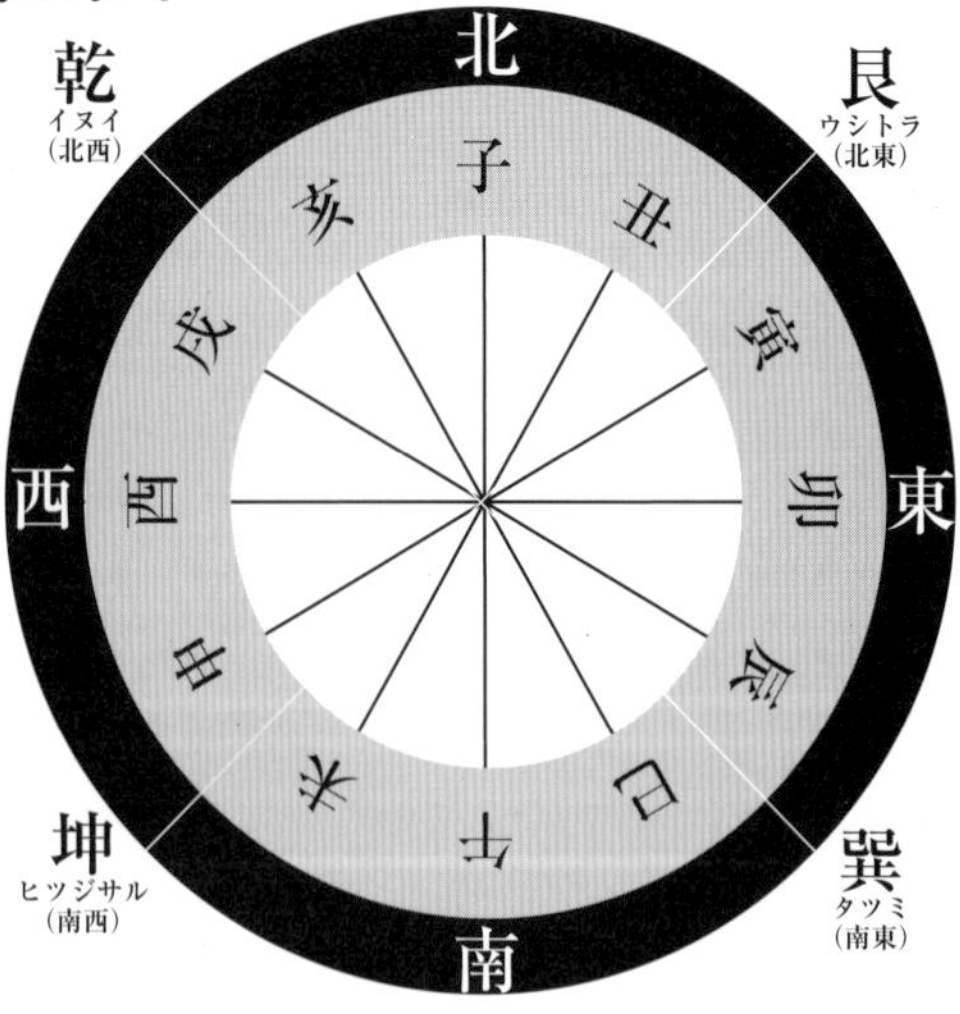

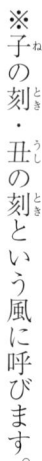

六十干支表

51	41	31	21	11	1
甲寅《きのえとら》 コウイン	甲辰《きのえたつ》 コウシン	甲午《きのえうま》 コウゴ	甲申《きのえさる》 コウシン	甲戌《きのえいぬ》 コウジュツ	甲子《きのえね》 コウシ（カッシ）
52	42	32	22	12	2
乙卯《きのとう》 イツボウ（オツボウ）	乙巳《きのとみ》 イツシ（オツシ）	乙未《きのとひつじ》 イツビ（オツビ）	乙酉《きのととり》 イツユウ（オツユウ）	乙亥《きのとい》 イツガイ（オツガイ）	乙丑《きのとうし》 イッチュウ（オッチュウ）
53	43	33	23	13	3
丙辰《ひのえたつへ》 イシン	丙午《ひのえうま》 ヘイゴ	丙申《ひのえさる》 ヘイシン	丙戌《ひのえいぬ》 ヘイジュツ	丙子《ひのえね》 ヘイシ	丙寅《ひのえとら》 ヘイイン
54	44	34	24	14	4
丁巳《ひのとみ》 テイシ	丁未《ひのとひつじ》 テイビ	丁酉《ひのととり》 テイユウ	丁亥《ひのとい》 テイガイ	丁丑《ひのとうし》 テイチュウ	丁卯《ひのとう》 テイボウ
55	45	35	25	15	5
戊午《つちのえうま》 ボゴ	戊申《つちのえさる》 ボシン	戊戌《つちのえいぬ》 ボジュツ	戊子《つちのえね》 ボシ	戊寅《つちのえとら》 ボイン	戊辰《つちのえたつ》 ボシン
56	46	36	26	16	6
己未《つちのとひつじ》 キビ	己酉《つちのととり》 キユウ	己亥《つちのとい》 キガイ	己丑《つちのとうし》 キチュウ	己卯《つちのとう》 キボウ	己巳《つちのとみ》 キシ
57	47	37	27	17	7
庚申《かのえさる》 コウシン	庚戌《かのえいぬ》 コウジュツ	庚子《かのえね》 コウシ	庚寅《かのえとら》 コウイン	庚辰《かのえたつ》 コウシン	庚午《かのえうま》 コウゴ
58	48	38	28	18	8
辛酉《かのととり》 シンユウ	辛亥《かのとい》 シンガイ	辛丑《かのとうし》 シンチュウ	辛卯《かのとう》 シンボウ	辛巳《かのとみ》 シンシ	辛未《かのとひつじ》 シンビ
59	49	39	29	19	9
壬戌《みずのえいぬ》 ジンジュツ	壬子《みずのえね》 ジンシ	壬寅《みずのえとら》 ジンイン	壬辰《みずのえたつ》 ジンシン	壬午《みずのえうま》 ジンゴ	壬申《みずのえさる》 ジンシン
60	50	40	30	20	10
癸亥《みずのとい》 キガイ	癸丑《みずのとうし》 キチュウ	癸卯《みずのとう》 キボウ	癸巳《みずのとみ》 キシ	癸未《みずのとひつじ》 キビ	癸酉《みずのととり》 キユウ

自然への畏敬と感謝

日本は四季の変化に富み、自然は美しく、恵み豊かな国です。その一方、東日本大震災で見られたように、古代より地震や津波、台風、大雨などの自然災害に見舞われてきました。

豊かな恵みをもたらしてくれるとともに、ときには激しく荒れる自然と共生していくため、私たちの祖先は自然のさまざまな事物を「神」として祀《まつ》り、崇《あが》め、畏《おそ》れてきました。小高い丘があれば、そこに神社を建て、海が荒れれば、そこにも神社を建て、小さな神様を宿らせて崇拝してきました。

一方、農耕生活は人間の力が及ばない自然現象に大きく左右されます。天候不順や自然災害は神の怒りと感じるようになり、そこから日本人は、あらゆる自然の営みに神を見いだし、崇める風習が一層強まったといわれています。

自然に宿る神への信仰と、やがて日本にもたらされた仏教が融合し、多くの習俗が生まれました。日本のさまざまな風習の底流にあるのは、人間だけでなく生きものの生命の大切さを守り、助け合う心といっていいのではないでしょうか。

生きとし生けるものに対する感謝と尊敬の心こそが、日本の風習、風俗の基本ともいえます。

農耕や漁、共同体の暮らしを支えた豊かな知恵

昔の人は自然の恵みである「食べもの」を大切にしました。天候一つで不作や不漁になったりするからです。飢餓に苦しむことが少なくなかった時代は、たとえ米一粒でも自然に、そして山や海に宿る神に深い感謝を捧げてきたのです。

農耕と漁を中心に暮らしてきた日本人は気候の移り変わりに細心の注意を払い、さらに豊作や大漁を願い、神々に対する祈りを盛んに行ってきました。

やがてこれらは稲作、漁の儀礼として伝承され、田の神、水の神、火の神などに対する信仰となり、四季それぞれに相応した多彩な行事が生まれました。また、日本人は自然万物を神として敬い、農作物の豊穣や大漁を祈るとともに、共同体の結束をいろいろなかたちで培ってきました。

農業や漁業は神聖な営みです。春には「今年は豊作、大漁でありますように」と祈り、秋には豊かな豊作、大漁に感謝します。この農業、漁業の生活の中から、さまざまなしきたりが生まれ、豊かな生活の知恵が生まれてきたのです。

農民は稲荷神《いなりしん》を祀《まつ》り、漁民は恵比寿神《えびすじん》を祀ります。特に漁村では正月十四日までに葬儀をす

ると、神様の機嫌を損ない、船の安全が脅かされるといわれています。これは自然に対する畏敬の念から生まれたものです。

また農業の「結《ゆ》い」や漁業の「引き網」における絆は、共同体精神を育みました。農民や漁民が総出で協力し合う共助の精神は、ここから生まれたと考えられます。長い伝統の中で培ってきた共助の精神が最近は薄らいでいる傾向があります。これは日本の伝統文化の衰退につながる恐れもあり、共に支え合う共助の精神は大事にしていきたいものです。

共助の精神をもとにした日本独特の風習は今も伝統的なしきたりとして、年中行事の根底に息づいています。

日の吉凶と六曜星

六曜星《ろくようせい》とは「先勝・友引・先負・仏滅・大安・赤口」の六種をいい、「結婚式や大事な契約日は大安がよい」「葬式は友引を避ける」などといわれます。

もともと六曜星は、中国で勝敗を占ったことに由来するといわれ、勝負事に関する内容が多く、また縁起を担ぐことから、賭博の遊び人や勝負師などの間で盛んに用いられたといわれています。それが次第に一般人の日常生活全般に用いられるようになったのです。

六曜のそれぞれの日には、次のような意味があります。

・先勝《せんしょう(せんがち)》　午前が良く、午後は悪い。先んずれば勝つという意味。
・友引《ともびき(ゆういん)》　朝や夕は吉で、正午のみが凶。凶事に友を引くという意味。
・先負《せんぷ(さきまけ)》　午前が凶で、午後が吉。先んずれば負けるという意味。
・仏滅《ぶつめつ》　一日中《じゅう》凶の日。慶事は避けた方が無難とされる。
・大安《たいあん(だいあん)》　一日中吉日で、大安吉日といいます。大いに安心という意味。
・赤口《しゃっく(しゃっこう)》　正午だけが吉、朝・夕は凶で、災いに出会いやすいとされる。

第2章　自然をこよなく愛する日本人の年中行事

初日の出

初日の出とは、その年の一月一日（元日）の日の出を指します。日本人はなぜ、初日の出を拝もうとするのでしょうか。元日の朝日はとてもめでたいと考えられ、元日に水平線や地平線から昇ってくる太陽を拝み、この一年の無病息災、家内安全を祈るという習慣が暮らしの中に根付いているためです。

昔は今と違って電気がなく、日の出とともに起きて、日の入りとともに眠るというのが当たり前でした。つまり、日が昇るのが一日の始まりだったわけです。その中でも元日に昇る朝日は、その年のスタートという意味から大事にされてきました。

新年の神様は「年神様《としがみさま》」です。新しい年を司る神様といわれ、地域によっては「正月様」、あるいは「歳徳神《としとくじん》」と呼ばれ、年の初めに一年の幸をもたらすために降臨《こうりん》してくると考えられています。「明けましておめでとうございます」という挨拶には、無事に年を越し、年神様をお迎えできた喜びと感謝の気持ちが込められています。

宮中では古くから天皇が東西南北の諸神を拝す「四方拝《しほうはい》」を行ってきました。一般的に初日の出を拝む習慣が生まれ、盛んになったのは明治以降といわれています。それまでは年神様を

お迎えするために家族で過ごし、近くの神社や家庭内の神棚を拝んでいました。

初日の出を拝む場所は見晴らしの良い山や海岸線などです。高い山頂で迎える初日の出を「ご来光」と呼びます。多くの人たちが大晦日の真夜中から出かけ、一年の健康と幸運を祈っていますが、今では東京スカイツリーなど高い展望台から初日の出を拝む人も多くなっています。

日本の国土全体で一番早い初日の出は南鳥島《みなみとりしま》です。島を除くと、最も早く初日の出が見られるのは富士山の山頂です。平地では千葉県の犬吠埼《いぬぼうさき》だそうです。

初詣

初詣《はつもうで》とは年のはじめに神社や寺院などに参拝して、一年間の無病息災と平安を祈願する行事です。大晦日の夜ともなると、各社寺では篝火《かがりび》を焚いて参拝客を迎えますが、本来は夜が明けて元旦の祝い餅（雑煮）をすましてから行く元旦詣を初詣といいます。

しかし、大勢の人出が予想されるため、元旦を避けて三が日（一月一日〜一月三日）、あるいは松の内（一月七日まで）の参詣を初詣としているところもあります。時代とともに考え方が変化してきたのかもしれません。

初詣の作法については、地域や寺社によりさまざまで、統一された作法はありません。しかし、標準的な神社の参拝方法は、まず、手水舎《てみずや》で手を洗い、口をすすいでからお賽銭箱《さいせんばこ》のある神前に進みます。そのあとの流れは次の通りです。

1. 賽銭を投げ入れます。
2. 鈴を二、三回鳴らします。
3. 二回、お辞儀をします。（二礼）
4. 両手の掌を合わせて二回、柏手《かしわで》をします。（二柏手）

5．両手を合わせたまま祈願をします。
6．最後に一礼して参拝は終わります。
これが一般的な初詣の基本です。しかし、あまり細かいルールにとらわれすぎることはないと思います。また賽銭は神様に対する感謝の気持ちが大切であり、金額の多寡ではありません。自分の気持ちに見合った金額を奉納することが大事といえます。

門松

門松《かどまつ》はお正月に家の玄関前や門前に立てられる一対になった松や竹の飾りのことで、「松飾り」「飾り松」「立て松」ともいいます。三本の竹と松を束ね、梅の枝をあしらって荒縄で結んだものが一般的です。

もともと門松は歳神《としがみ》の依代《よりしろ》といわれ、歳神を迎える場所であり、神霊が下界に降りてくるときの目印と考えられていました。この歳神はお正月、家々に迎えられる神のことです。

門松に松と竹が用いられるようになったのは、松は常緑樹で古くから神が宿る木、竹は長寿を招く縁起物と考えられてきたからといわれています。いつまで飾るかについては地方によって違いますが、関東地方は一月七日、関西地方は一月十五日までというところが多いようです。門松は十二月二十八日までに立てるのがよいようです。二十九日は「苦松《くまつ》」といい、大晦日の三十一日は「一夜《いちや》飾り」といって敬遠されています。

現在、正式な門松でなく、略式の門松を飾る家庭が多くなりました。白紙を巻いた根つき松や松の小枝などを門柱やドアの脇の柱に取り付けたり、簡単に輪飾りをかけたりしているものが多く見受けられます。

〈正月〉

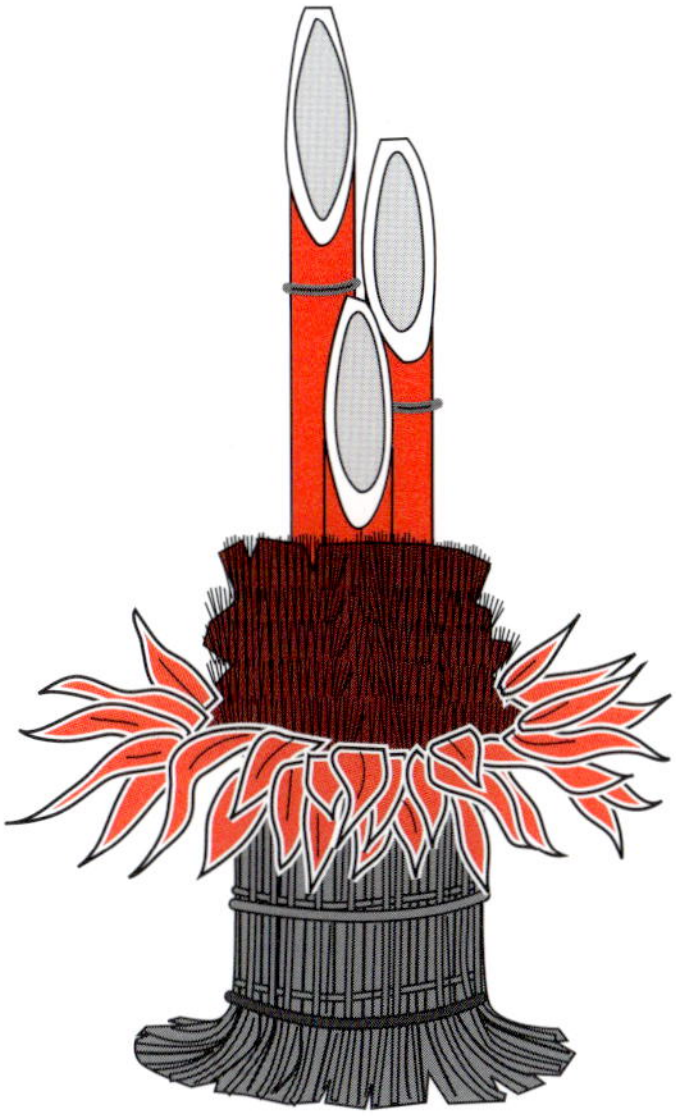

注連飾り

注連飾《しめかざ》りはお正月に歳神様を迎える準備として玄関口や家の神棚などを飾ることをいいます。自分の家が歳神様を迎えるにふさわしい清らかな場所であることを示すために、家の中に注連縄を張ったのが始まりといわれており、玉飾りともいいます。

注連飾りは注連縄で作る飾りで、長寿や誠実、清廉、潔白を表す「裏白《うらじろ》」、家系を絶やさず次世代に継ぐ「譲葉《ゆずりは》」、家が代々栄える「橙《だいだい》」などの縁起物を結びつけて作ります。

形は地方によってさまざまですが、今はリースタイプに人気があるようです。これはマンションなどのドアにも合うことと、クリスマスのリースの影響があるのかもしれません。

注連飾りは小型化、簡略化したものも登場し、今では玄関以外の自動車のフロントグリルやお勝手口、トイレの入口などに飾る人たちもいます。飾るのは、一般家庭では二十九日の「二重苦」や大晦日《おおみそか》の「一夜飾り」は避けたほうがよいといわれています。

飾りをつけるのは二十五日のクリスマス過ぎから二十八日までが一般的です。飾りを下げるのは正月行事が一段落する小正月（一月十五日）までに行われていますが、地域の風習によって、一概に何日までと断定はできません。

〈正月〉

都会では環境や防火対策から松の内の一月十五日（関東では七日というところも）の朝や「七草がゆ」を食べたあと、飾りを下げているところもあります。

地域によっても異なりますが、松の内が過ぎた頃、各地で注連飾りなどが集められ、一斉に焼き納める左《さ》義長《ぎちょう》（別名：どんと焼き）が行われます。

注連飾りは、外から災いが内に入らないようにとの願いが込められているとともに、汚れを祓《はら》い邪気を退け、それぞれの家を守ると信じられています。

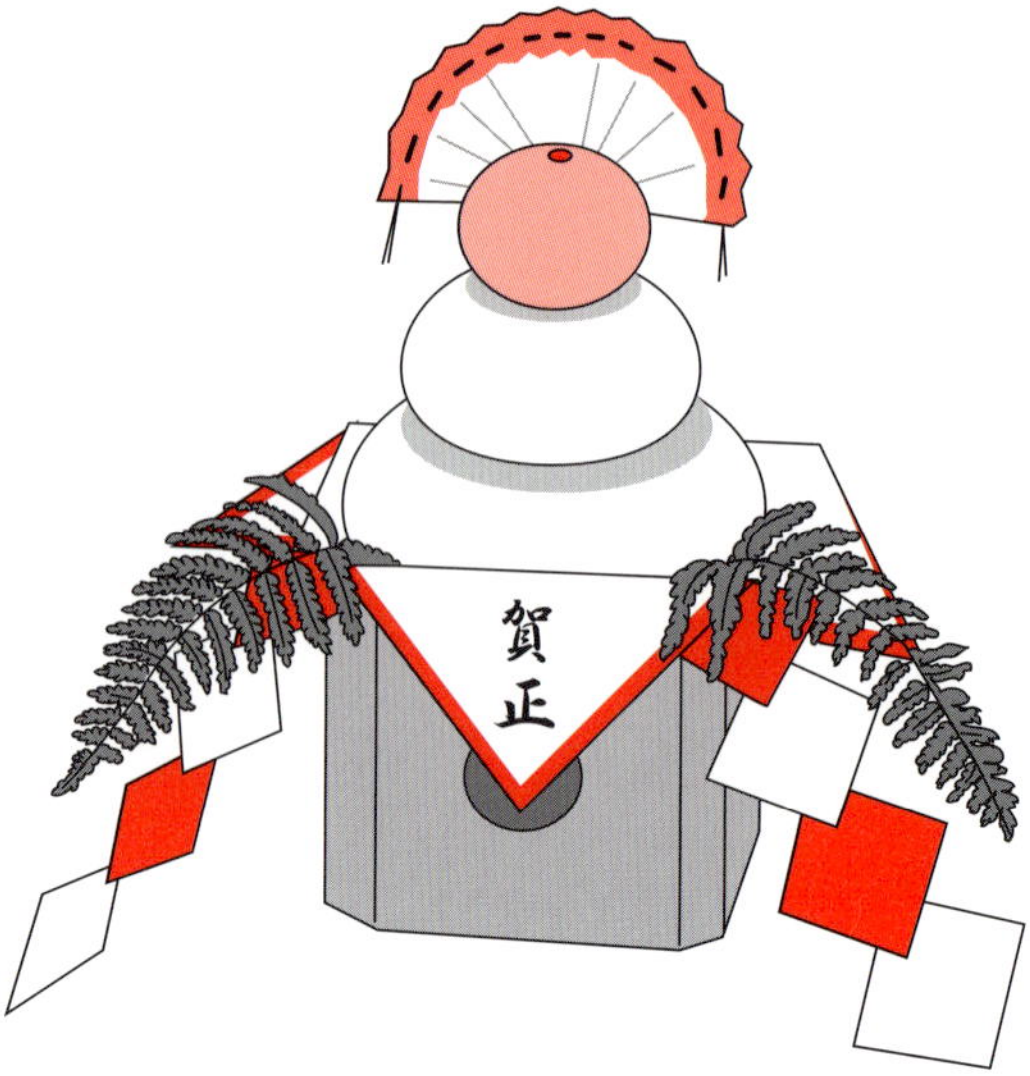

鏡餅と鏡開き

鏡餅《かがみもち》は地方によっても違いますが、正月に神様にお供えする二段重ねの丸餅のことをいいます。なぜ、鏡餅かといえば、昔、鏡は銅でできていて円形でした。そして鏡は魂（心臓）を象徴する神器で、丸い餅を供えて生命力を授かるようにとの願いから、「鏡餅」と名付けられたといわれています。

また、なぜ二段に重なっているかといえば、これは円満に年を重ねるという意味で、大小の餅は月（陰）と日（陽）を表して、福徳が重なって縁起がいいと考えられたからといわれています。

鏡餅には家族一人ひとりの健康や幸福を祈

願するという意味もあります。ですから、女性なら鏡のあるところに、ピアノを習っている子どもがいるなら、ピアノの上に鏡餅をお供えするのもいいでしょう。

日本人は古くから五穀豊穣《ごこくほうじょう》を祈って、神様に捧げる神聖な食べ物「鏡餅」を供えてきました。その心は感謝です。私たちの暮らしを支えているすべてのものに感謝する気持ちがこうした風習に表われているといえます。

鏡餅の飾り方は地方によってさまざまですが、三方《さんぼう》（神仏に物を供える台）の上に半紙を敷き、その端が三方から垂れるようにします。その上に裏白《うらじろ》や譲葉《ゆずりは》、昆布をのせて、餅を二段重ねにし、さらに橙《だいだい》をのせ、海老などを添えるのが一般的な飾り方です。鏡餅は床の間に飾るのが一般的ですが、玄関の正面や客間の棚などにも飾ります。

鏡は人の心を映し、神の霊が宿るといいます。そのせいか、今でも地方によっては、道具や台所などに鏡餅を供える風習が見られます。これは物に感謝する日本固有の文化の表れといっていいでしょう。

最近は神棚のない家庭なども多くなりました。しかし、鏡餅は古くからの日本の風習ですから、お正月にはぜひ鏡餅を飾りたいものです。大切なのは形式ではなく、飾る気持ちです。

鏡餅は一月十一日の鏡開《かがみびら》きまで飾ります。鏡開きは旧年の無事と新年を迎えられたことを神様に感謝しながら、神様に供えた鏡餅をお下がりとしていただく儀式です。鏡餅を食べると、力が授けられると信じられています。飾るだけでなく、食べてこそ鏡餅の意味があるというわけです。

おせち料理

おせち料理（御節料理）とは、お正月に食べる代表的な料理です。お節の「節《せち》」とは「節日《せちにち》」のことを指します。節日は季節の変わり目にあたる祝日で、特に元日は節日の中でも最も重要な節句として扱われています。

元日に歳神様をお迎えして、新しい年の豊作と一家の安寧《あんねい》を祈ります。その時のお供え物がおせち料理で、前日の大晦日にお供えをします。年が明けると、家族全員で歳神様からのお下がりをいただくのが習わしで、日本の伝統となっています。

おせち料理は重箱に詰めて盛り付けします。地方によって違いますが、重箱は四段重ねのものを用いるのが一般的です。重箱に詰めるのは、めでたさを重ねるという意味も込められています。「子だくさん」にあやかった数の子や、「まめ」に働き、健康で暮らせる願いを込めて黒豆などを入れ、縁起をかつぎます。

重箱におせち料理を詰めるにも、しきたりがあります。上から順に一の重が口取り、二の重が焼き物、三の重が煮物、与の重（忌み数字である四は使いません）が酢の物になります。また料理の品数は三、五、七というように奇数にそろえます。

おせち料理は大晦日のうちにすべて重箱に詰めて歳神様に供え、一年間の豊作や家族の安穏、子孫の繁栄を願います。現在、おせち料理は正月の三が日に食べますが、松の内まで人を招いてもてなすことを「おせち」「おせち振舞」と呼んでいます。

食べるときは家族も客も各自、好みのものを自分で取って食べられるよう、取り皿を用意します。昔は正月の七草がゆ（一月七日）までおせち料理だけ食べ、来客に対してもおせちだけでもてなせばよいとされていました。

しかし、今はコンビニも年中無休ですし、大型ショッピングセンターなども二日には開店しています。おせち料理の献立も伝統的な料理以外に肉類やスモークサーモンなど見た目も豪華なものが並んでおり、ずいぶん様変わりしてきています。

お屠蘇《とそ》は元日から三が日の間に飲む薬酒のことで、元日にこれを飲めば、一年の邪気が祓《はら》われるといわれています。不老長寿を祈る新年の祝い酒として出されるものです。雑煮は歳神様に供えた餅を神棚から下ろし、野菜や魚介類、鶏肉などと一緒に煮る吸い物で、正月三が日にこれを食べて新年を祝います。

おせち料理に使われるおもな食材といわれ

海老：身を曲げたかたちが、老人のように見えることから、健康長寿の願いが込められています。

黒豆：物事にコツコツとまじめに取り組むさまを「まめ」といいますが、それとの語呂合わせで、健康で暮らせるようにとの願いが込められています。また、黒い色は邪気を祓《はら》うとも信じられています。

蓮根：穴がいくつもあり、そこから将来を見通せるとの縁起をかついでいます。

蒲鉾：赤いふちどりを日の出に見立て、白は清浄さを表しています。

数の子：にしんは、一尾の卵の数が数万ともいわれ、そこから、多産、子孫繁栄の願いが込められています。

ごまめ（田作り）：片口鰯《かたくちいわし》の稚魚を乾燥させ、煮詰めたもの。かつて鰯を田や畑の肥料にし、五万俵収穫されたことから「五万米」といわれるようになり、豊作の願いが込められています。

里いも：子いもがいくつもつくことから、子宝に恵まれる願いが込められています。

頭《かしら》いも（やつがしら）：里いもの親いもで、頭《かしら》になる、リーダーになるという縁起をかついで

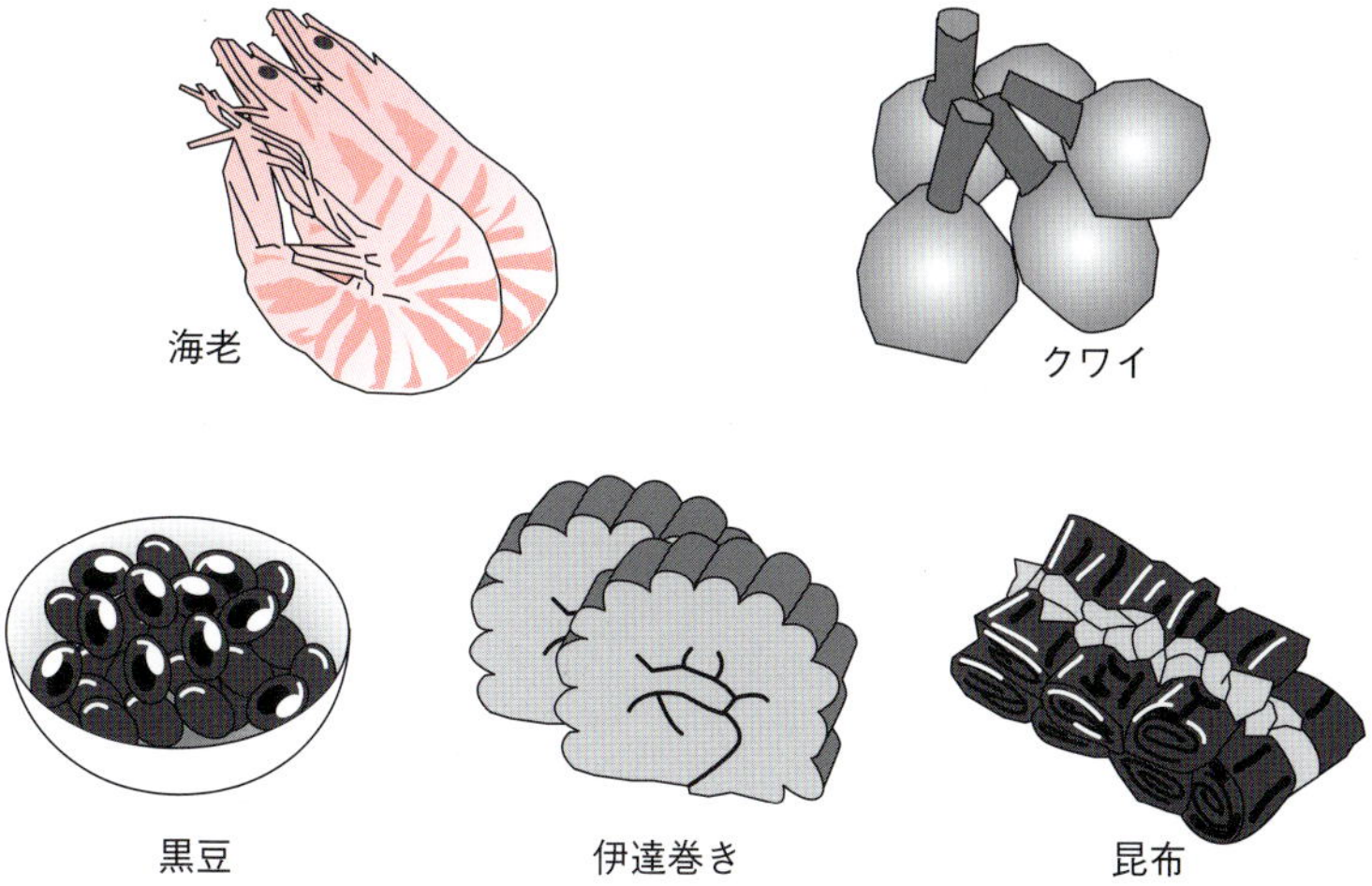

います。
クワイ：上のほうから芽が出るため、めでたいという縁起をかついでいます。
伊達巻き：卵は子孫繁栄を表し、かたちが書物を巻いたように見えることから、知識が豊かになるようにとの願いが込められています。
昆布巻：喜《よろこ》ぶにかけた、語呂合わせ。
栗きんとん：金団《きんとん》という字から、黄金に恵まれるという願いが込められています。
ブリ：鰤《ぶり》は、イナダ、ハマチと名前を変える出世魚で、縁起をかついでいます。

年始

年始はもともと宮中や武家社会で行われていた年賀の行事がもとになっています。やがて親族が集い、共に新年を祝うあいさつを交わすしきたりになりました。現在では、親戚や知人、上司などを訪問して新年のあいさつをして回ることをいいます。

そのとき、持参する年賀は簡単なものでよいとされていますが、お正月にふさわしいものを選ぶ工夫は必要です。

地域によって違いますが、ふだんお世話になっている方や仲人宅への年始は三が日までで、遅くとも五日までにお伺いしましょう。あいさつは玄関で行って、失礼するのが基本

です。しかし、上がることをすすめられたら、遠慮することはありませんが、長居することは避けましょう。

旧年中、お世話になったことにまず感謝し、引き続き今年もさらに一層、ご指導いただくことをお願いします。

祝い酒や祝い肴をすすめられたら、必ずいただきましょう。しかし、車で伺った場合、お酒は絶対飲まないで下さい。年始の手土産はお酒やお菓子などが一般的です。

年始は一年の繁栄を祝う仕事始めの大事な儀式です。農村では「鍬《くわ》初め」、山村では「初山入り」、漁村では「船祝い」などの風習が今も残っています。

いずれにせよ、年始は新年の祝いの言葉を交わす大事な行為です。心温まる言葉で一年をスタートしたいものです。

松の内とは

年始回りや「あけましておめでとうございます。今年もよろしくお願いします」といった挨拶は松の内までといわれますが、では松の内はいつまでのことをいうのかというと、関東では一日一日から七日までとし、関西では一月十五日の小正月までをいっています。

もともと松の内は、元旦に年神様を家に迎え、年神様がいる間のことです。関東でも小正月までだったのが、江戸幕府が一月七日までとする短縮命令を出したことから一月七日までになったといわれています。

幕府が松の内の短縮命令を出したとき左義長（どんと焼き）の禁止令も出してますが、しめ飾りなどを燃やすことによって火災が発生することを心配したからと考えられます。

たびたび、大火によって、多くの家が焼失した江戸の町の火災予防の一環だったのかもしれません。

お年玉

現在、お年玉といえば、お正月に子どもたちにお金をあげることをいいますが、本来は新年を祝うための年神様からの贈り物のことなのです。年神様に供えた鏡餅を下ろし、子どもたちに分け与えたのが始まりといわれています。

今でも地域によって年神様に扮装した人たちが各家庭を回って、子どもたちに丸い餅を配って歩く風習が続いていますが、これがお年玉の原型といってもいいかもしれません。

鏡餅はもともと、鏡を形どったもので、魂を映すことから、「魂＝玉」ともいわれています。年神様の玉ということから「年玉」となり、神様のお下がり物として「御」をつけて「御年玉」と称したといわれています。

また、室町時代、新年のお祝いとして酒や紙などを贈るしきたりが起こり、これを「年玉」と呼ぶようになったともいわれています。

お年玉の相場は無論、決まっておりません。しかし、昨今、親同士や親戚同士で「年齢ごとの額」などを事前に話し合って決めておくケースが多いようです。親の目の前で子どもに手渡してあげるのが一般的です。

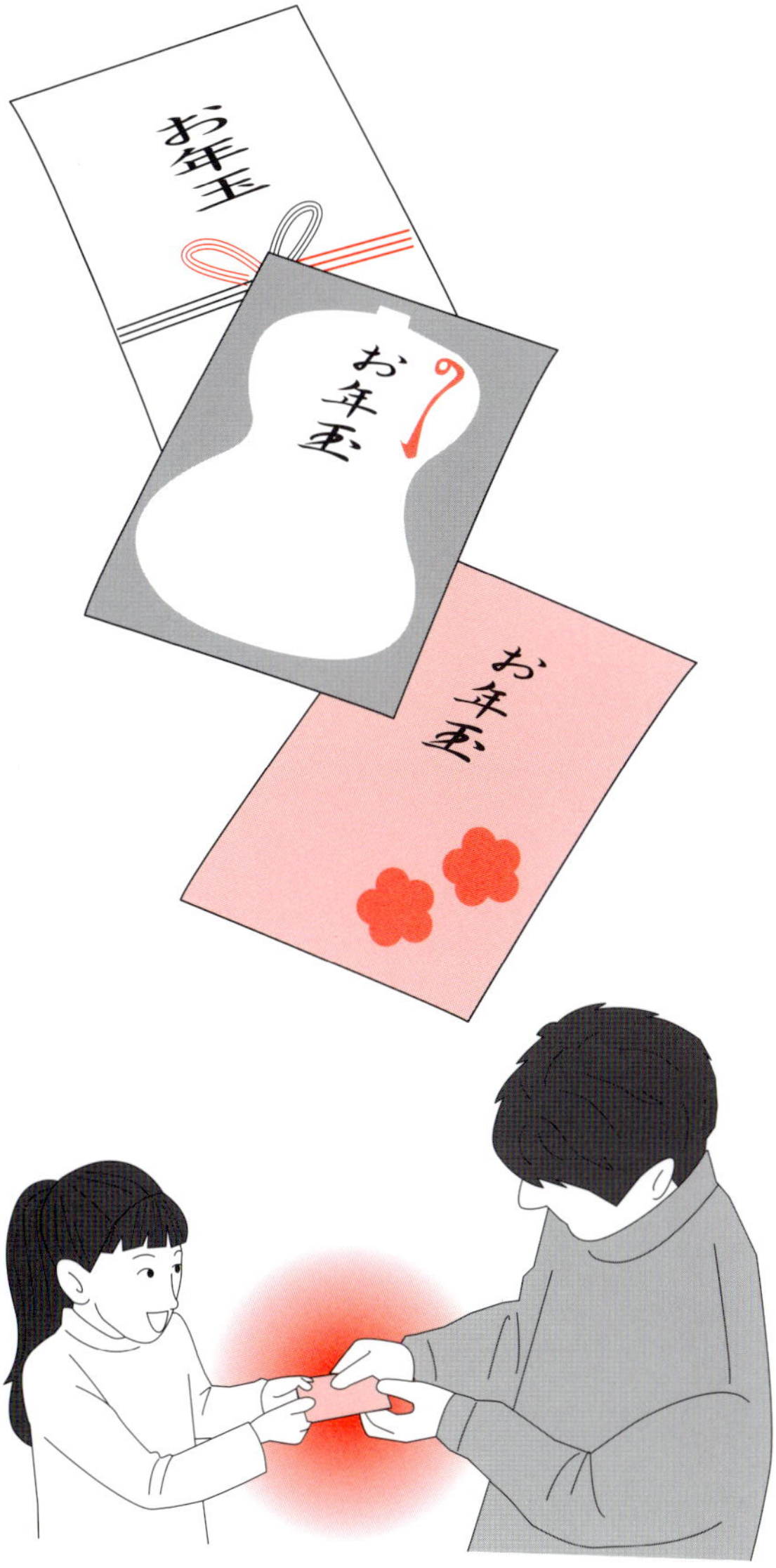

お年玉は、自分より地位の低い人に贈るのが習わしで、親から子どもへ、年長者から年少者へが一般的ですが、地域によっては子どもから親へ渡すところもあるようです。

七草がゆ

「七草がゆ」は一月七日の朝、春の七草の入った粥《かゆ》を食べる風習で、これを食べると邪気を祓《はら》い万病を除くといわれています。この習わしは平安時代に中国から伝わり、宮中で行われるようになったのが始まりです。

七草がゆが庶民の間に広まったのは江戸時代からです。若草を新年に摘んで自然界から新しい生命力をもらうという日本古来から存在した「若菜摘《わかなつ》み」の風習と融合して定着したといわれています。

春の七草とは芹《せり》、なずな、御形《ごぎょう》（母子草《ははこくさ》）、はこべら（はこべ）、仏座《ほとけのざ》（おおばこ）、菘《すずな》（かぶ）、すずしろ（大根）のことです。万病に効くというのは、この七草それぞれに薬理作用があるからです。たとえば、芹には造血作用を促進する鉄分があり、はこべらにはタンパク質が多く含まれています。

現在、一月七日に旬の七草を全部手に入れることは難しく、そのために七草にこだわらずに、季節に合った素材、たとえば、小松菜、ほうれん草などを使う人が多くなっているようです。

七草粥は消化吸収がよく、年末年始のご馳走で疲れた胃腸を休め、栄養補給するとともに、一年の無病息災を願う気持ちが込められているといっていいでしょう。

また七草の日は初めて爪を切る日といわれ、芹などを浸した水に指を入れてから爪を切ると、一年間は爪の病からのがれられるといわれています。

左義長

左義長《さぎちょう》は小正月（一月十五日）前後に行われる火祭りの行事で、中世から宮中でも行われていました。一月十四日の夜、あるいは十五日の朝に火をつけ、松の内に飾っていた門松や注連《しめ》飾り、去年いただいたお札、年始に書いた書き初《ぞ》めなどを各家庭から持ち寄って燃やし、一年の無病息災、五穀豊穣を祈ります。左義長の火を焚く場所としては寺社の境内などが多いのですが、田んぼの中とか地域の広場といったところでも行われます。

この時の燃え方や煙の流れる方向などで、その年の豊凶が占われたりします。また、その火で焼いた餅や団子、芋を食べると、その年は無病息災で過ごすことができるといわれています。焼いた書き初めが天高く舞い上がると、字が上手になるという言い伝えもあります。

左義長の由来は平安時代の宮中で行われていた火祭りにあるといわれています。青竹を三脚のように立てて、陰陽師《おんみょうじ》が謡《うた》い囃《はや》しながら扇や短冊を焼いて邪気を祓《はら》う儀式です。

地方によっては、「どんど焼き」や「さいと焼き」、「三九郎焼き」、「オンペ焼き」などと呼ぶところもあります。有名なところは、神奈川県大磯町の左義長（重要無形民俗文化財に指定）や長野県松本地方の「三九郎祭り」、仙台市大崎八幡宮の「仙台どんと祭」などがあります。

〈正月〉

節分

立春の前日二月三日（年によっては四日）は節分です。節分とは文字通り、「季節を分ける」という意味で、季節の移り変わる節目を指し、立春、立夏、立秋、立冬など一年に四回あったものです。とくに立春は一年の始まりとして尊ばれたために、次第に節分といえば春の節分だけを指すようになりました。

節分では豆をまきますが、これは中国から伝わったもので、無病息災を祈る意味があります。中国の習俗が奈良時代に日本に伝わり、平安時代に宮中行事として執り行われるようになったといいます。豆まきの行事が定着したのは室町時代中期以降からです。

鬼が出てきて風邪などの病気を呼び込まないように豆をまいて、「鬼は外、福は内」と大声をあげて、悪い鬼を追い払うようになった豆まき行事は、江戸時代からといわれています。

神社やお寺では著名人の年男を迎えて豆まきが行われたりしていますが、家庭で行う豆まきは一家の主人あるいは年男（その年の干支生まれの人）がまくのが一般的です。しかし、家庭によっては家族全員というところも少なくありません。

自分の年齢の数だけ（地域によっては年齢に一個加えた数）豆を食べると、その年は病気に

ならず長生きするといわれ、一年間の幸せを祈る意味もあります。

豆まきに使う炒《い》った豆は福豆と呼ばれます。生の豆を使うと、豆から芽が出てしまい縁起が悪いといわれ、生の豆は使いません。

桃の節句（ひな祭り）

ひな祭りの三月三日は「桃の節句」です。旧暦の三月三日は桃の花が咲く季節であることから、この名がつけられたといわれています。「桃の節句」は女の子の清らかな成長を願う大切な行事でもあり、この日はひな人形を飾り、白酒、ひし餅、ハマグリの吸い物などで祝うのが一般的です。ひし餅は紅白緑の三色で、緑は草餅の名残りです。

もともとは、中国から伝わった暦上の節目の日で、奇数が重なる日に邪気を祓《はら》う行事が行われていました。節句は一年に五つあり、一月七日の人日《じんじつ》、三月三日の上巳《じょうし》、五月五日の端午《たんご》、七月七日の七夕、九月九日の重陽《ちょうよう》を五節句と呼びます。

中国には古来から三月初めの巳《み》の日に川で身を浄める禊《みそぎ》の風習があり、これが平安時代に日本へ伝わり、宮中の「人形遊び」と結びつき、やがて川や海に人形を流して厄災を祓《はら》う「流し雛《びな》」の風習になったといわれています。

室町時代になると、貴族の女の子たちの人形遊びである「ひいな祭り」が「ひな祭り」となって庶民へと伝わり、次第に三月三日は女の子のお祝いの儀式として、人形を飾るしきたりが形成されていったといわれています。

現在のように段を組んだり、豪華な飾りを施すようになったのは江戸時代に入ってからで、京都御所で盛大な「ひな祭り」が催されて以降、江戸の武家社会にも広まり、五節句のひとつにも定められ、庶民の間にも定着していったとされています。

雛人形は内裏《だいり》さま、三人官女《かんじょ》、五人囃子《ばやし》、右大臣《うだいじん》など宮中のさまを表わしています。内裏さまは左が男雛、右が女雛といわれますが、これは関東のしきたりで、京都ではこの反対ともいいます。

初節句は赤ちゃんの健やかな成長と厄除《やくよ》けを願う行事です。いうなれば、お雛さまは赤ちゃんに降りかかろうとする災厄《さいやく》を、代わりに引き受けると考えられている災厄除けの守り神のようなものです。女の子の健やかな成長を祈るとともに、春の訪れを喜び合う行事にもなっています。

雛御膳

飾ったひな人形のもとで、ひな祭りの三月三日か、前の晩に食べるのが雛御膳です。現在では、白酒とちらし寿司、はまぐりの吸い物が定番になっていますが、赤飯やひし餅、さらにはひし餅を切って揚げたひなあられなどをいただく風習があります。

中国では昔から桃の花は邪気を祓うと信じられ、桃の花を白酒に浸して飲んだといわれています。

はまぐりの吸い物を添えるのは、はまぐりの殻は、ひとつの貝以外二枚の貝殻がぴったり合わないため、「貞女両夫にまみえず」という考え方と重なり、女性の貞節を表わす縁起をかついでのことです。女の子の節句であるだけに、幸せな結婚をし、円満な家庭を築いてほしいという願いが込められているといっていいでしょう。

梅見、花見

梅は、百花にさきがけて咲き、春の訪れを知らせる花として、古くから日本人の情緒を育んできました。清楚でかぐわしい香りをもち、気品を感じさせる梅の花は日本の詩歌で数限りなく取り上げられてきました。すでに万葉集で多くうたわれています。

平安時代の『枕草子』には「あてなるもの梅の花に雪ふりたる」とあり、紅梅と白い雪が調和して上品だと謳《うた》っています。近世になると、梅見の風習が庶民の間にも定着し、梅屋敷《うめやしき》、百花園《ひゃっかえん》などで、梅見を楽しんだといわれています。

一方、花見といえば、桜です。春の訪れを寿ぐ日本独自の風習ですが、近年は、アジアや欧米などにも広がっています。春、一斉に咲き競い、わずか二週間足らずで散るために、しばしば人の命の儚《はかな》さを象徴する花ともいわれています。

桜も梅と同じように貴族に愛でられ、多くの詩歌に登場し、その潔い花の咲き方と散り方によって武士の間でも好まれるようになり、やがて江戸時代には庶民の間にも広がりました。

桜の木の下で持参の弁当を食べたり、仲間と楽しく酒を飲む花見酒は、日本の春を象徴する行楽となっています。

春のお彼岸

お彼岸《ひがん》は春秋にあり、「春のお彼岸」とは、三月の春分の日をはさんで前後三日、合わせて七日間をいいます。この期間に行う仏事を彼岸会《ひがんえ》と呼ばれています。最初の日を「彼岸の入り」、最後の日を「彼岸明け」（地域によっては「はしりくち」）といいます。

昼と夜の長さが同じ「春分の日」は太陽が真東から昇り、真西に沈むので西方に沈む太陽を礼拝し、遥か彼方の浄土に思いをはせたのが彼岸の始まりといわれています。

彼岸とは仏教用語で「彼《か》の岸《きし》」、つまり向こうの岸という意味です。一切の煩悩を断ち切り、悟りを開いた涅槃《ねはん》の境地に達することをいいます。これに対して、こちら側の岸を「此岸《しがん》」といいます。意味は煩悩と迷いに苦しむ世界のことです。

人間が、この煩悩と迷いから脱するためには六波羅蜜《ろくはらみつ》の修行をしなければならない、と釈迦は説いています。六波羅蜜とは布施《ふせ》、持戒《じかい》、忍辱《にんにく》、精進《しょうじん》、禅定《ぜんじょう》、智慧《ちえ》の六つの徳目のことを指しています。

彼岸の語源は古代インドの文語でサンスクリット語（梵語《ぼんご》）の「パーラミタ（波羅蜜多）」という言葉からきているといわれています。仏教はお釈迦様の生まれたインドから中国、朝鮮

半島を経て日本に伝来しました。
それらの国々は日本から見ると西にあります。とりわけインドは西のはるか彼方で、そのために西の彼方には浄土があると考えられるようになったといわれています。
彼岸会法要は日本独特の習わしで、ご先祖さまをはじめ、あの世にいる人々に心を寄せ、供養するための大事な仏教行事です。寺院では彼岸会が催され、多くの人々が墓参りに訪れます。家庭においても仏壇をきれいに掃除して清め、その季節の花々を供え、故人が好んだ物を供えたりします。春の彼岸には牡丹《ぼたん》の花になぞらえて「ぼたもち（お萩）」を供えます。（秋彼岸を参照）

八十八夜

「夏も近づく八十八夜　野にも山にも若葉が茂る……」。

文部省唱歌『茶摘み』の冒頭部分ですが、八十八夜とは立春から数えて八十八日目で毎年五月二日ごろに当たります。八十八夜といえば、茶摘みのイメージが強いのですが、実際、この日に摘んだ茶の葉はやわらかくて質が良く、旨味成分をたっぷり含んで上等とされています。

茶摘み時期は産地によって違いますし、品種改良が進んで早期化する傾向にあるようですが、昔から八十八夜に摘んだお茶を飲むと、長生きするといわれています。

茶摘みだけでなく、この日を目安にして田の苗代《なわしろ》を作ったり、畑では種まきや野菜の移植を行ったりしているところが多いようです。

八十八夜は季節を知らせる雑節の一つです。雑節とは季節の変わり目を把握するための暦日で、農作業などの目安とされてきました。「節分」「彼岸」「入梅」「土用」なども雑節です。

特に「八十八夜の別れ霜」などといわれるように、この日を過ぎれば、霜による農作物の被害がなくなるとされてきました。また八十八を組み合わせると「米」という字になり、縁起の良さも加わってさまざまな農作業の目安になってきました。

八十八夜は農業だけでなく、漁業でも漁の目安にする地域もあります。瀬戸内海では魚島時《うおしまどき》といわれるように、この時期、豊漁が続くとされました。

端午の節句

「端午《たんご》の節句」は五月五日にあたり、「菖蒲《しょうぶ》の節句」ともいわれます。もともとは女の子の祭りだったのが、男の子の節句として祝われるようになったのは、のちの三月三日の女の子の節句と対応させてからのことといい、やがて男の子の健やかな成長や、立身出世を祝う行事になりました。節句は節供とも書きます。

端午の「端」は「初」を意味し、本来は「月初めの午《うま》の日」を指します。しかし、午（ご）が五（ご）と同音であること、さらに月と日の数が重なる日を祝日とする習わしなどから五月五日を「端午の節句」と定めたといわれています。

この行事は中国で始まったもので、古代中国では端午の節句の日に人々は薬草である菖蒲の酒を飲み、その菖蒲で体の穢《けが》れを祓《はら》って健康と厄除《やくよ》けを願い、また、家の軒に菖蒲や蓬《よもぎ》をかけて邪鬼を祓いました。これが後に日本の宮中から鎌倉の武家社会へと広がったようです。

特に武士は、菖蒲が「尚武《しょうぶ》（＝武事を尊ぶ）」や「勝負」に通じることから勇ましさの象徴となり、盛んに鎧兜《よろいかぶと》を飾って端午の節句を祝うようになりました。江戸時代になると、武家に男の子が生まれると、門前に馬印《うましるし》や幟《のぼり》を立てて男児誕生を人々に知らせ、祝ったといわれています。

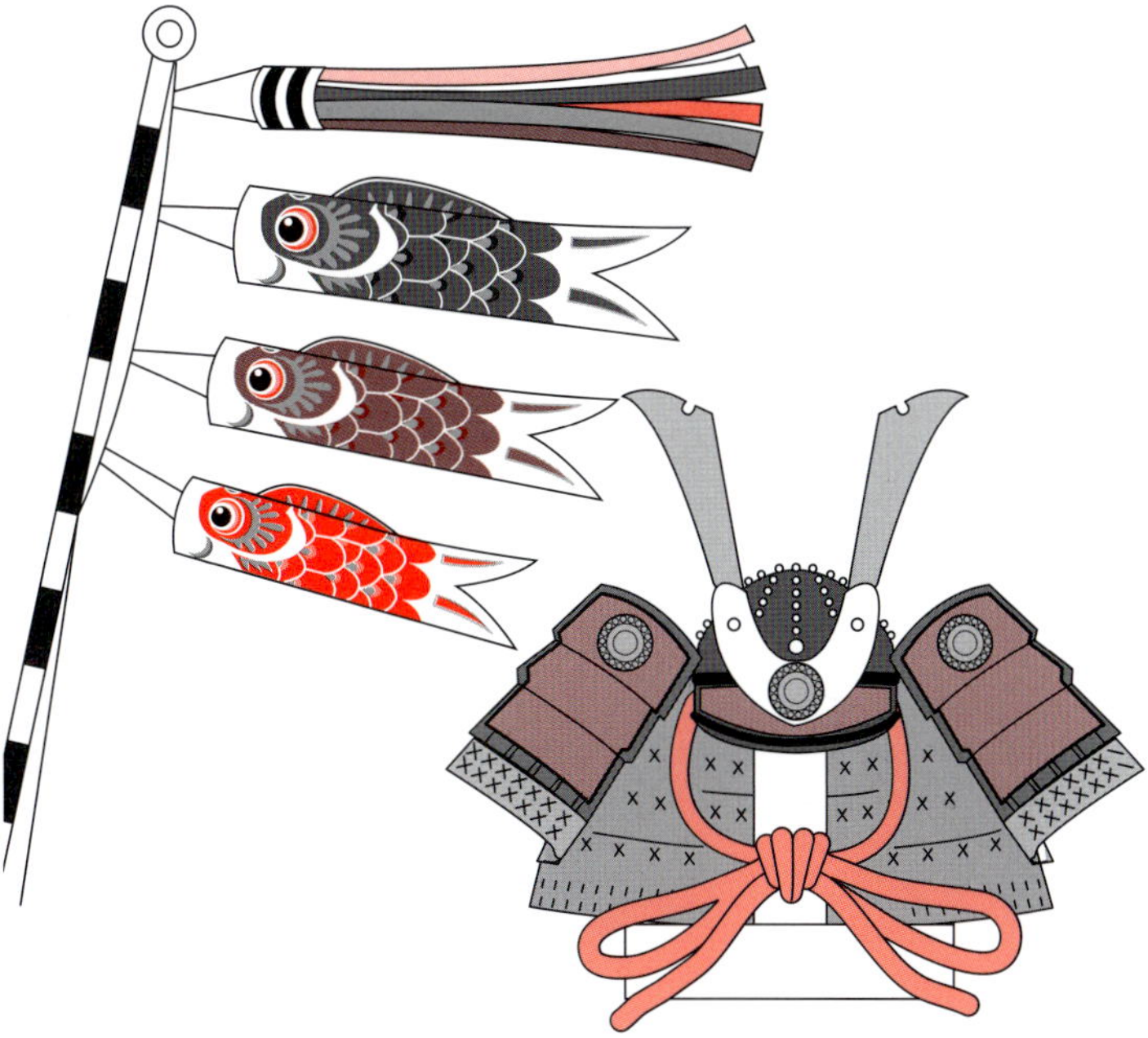

のちに町人の間でも、幟の代わりに疫病除けの鍾馗《しょうき》様などを描いた鯉のぼりを立てる風習が生まれ、明治時代になると、薫風を受けて泳ぐ鯉の姿は勇壮な男児の姿を表すとして、盛んに用いられるようになりました。

端午の節句には柏餅《かしわもち》と「ちまき」を食べます。柏の木は、若い葉が出るまで古い葉を落とさないため、跡継ぎを絶やさないという縁起にあやかっています。

「ちまき」は中国の故事からきており、もともとちまきを包んだチガヤという木の葉が「難を避ける」という縁起から、ちまきを作って親戚に配る風習が生まれたといわれています。

七夕

七夕《たなばた》とは七月七日の夕方の意味で、七夕祭りは中国に古くから伝わる牽牛星《けんぎゅうせい》と織女星《しょくじょせい》の伝説と、日本で古くから語り継がれてきた棚機津女《たなばたつめ》の物語が混ざり合って形成されたと考えられています。棚機津女とは、人々の災厄を除くため人里離れた水辺の機屋《はたや》にこもって神を迎え、神に身をささげる役目を担うと考えられていました。七夕を「タナバタ」と読むのは、この棚機津女に由来するためといわれています。

一方、中国には夫婦であった牛飼いの牽牛と帝の娘の織女が仲が良すぎることから、帝によって天の川の両岸に引き離されましたが、七月七日の夜、天の川を渡って年に一度だけ会うことを許されたという伝説があります。また織女は機織《はたお》りの名手だったことから、機織りや裁縫の腕が上達するようにと願う「乞巧奠《きこうでん》」という祭りのもとになっており、これも中国から伝わりました。

この中国の伝説が奈良時代、日本にも伝わり、棚機津女の物語と合わさって、現在の七夕が生まれたといわれています。

願い事を書いた五色の短冊や飾り物を笹竹に結びつけ、それぞれの家で飾るようになったの

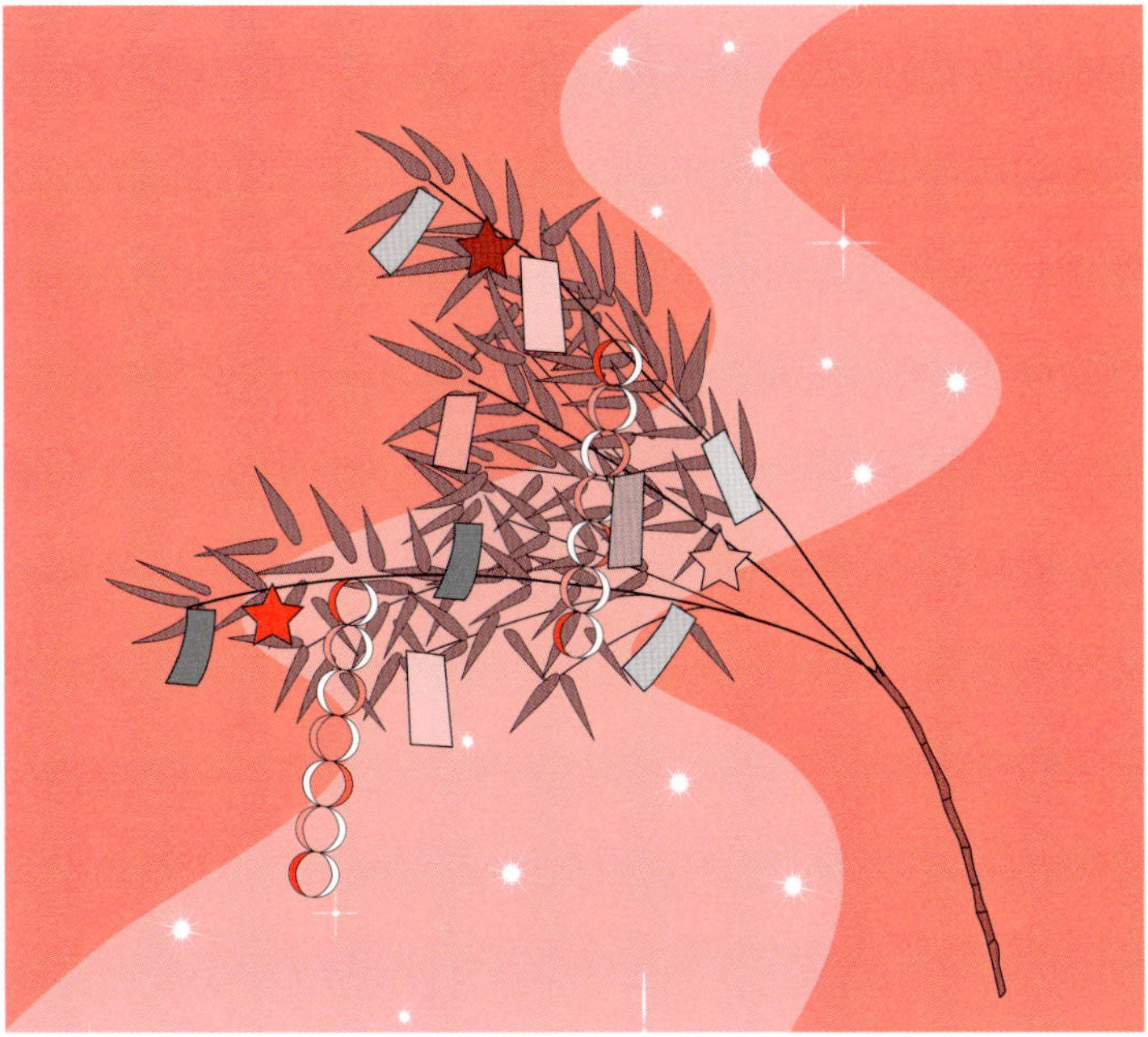

は江戸時代からです。寺子屋が普及して庶民も字が書けるようになると、書道が上達するようにとの願い事も加わりました。その後、学校などでも学問や技芸の上達を願う行事として広まっていきました。

各地で七夕祭りが催されていますが、日付は三つあります。一つ目は現在の暦の七月七日、二つ目は旧暦の七月七日、三つ目が八月七日に行われているもので、有名な仙台の七夕祭りなどはこれに当たります。

七夕の翌日、七夕飾りを海や川に流す風習を七夕送りといい、七夕飾りが天の川に流れ着くと願い事が叶うと信じられています。

土用の丑の日

土用《どよう》は一年に四回あります。雑節にもとづいたもので、立春（二月四日ごろ）、立夏（五月六日ごろ）、立秋（八月八日ごろ）、立冬（十一月八日ごろ）の前の日の十八日間のことをいいますが、一般的には立秋前の十八日間のことを土用といっています。

土用は季節の変わり目に当たり、特に夏の土用の時期は暑さが厳しく、夏バテをしやすい時期です。それを乗り切るために、栄養のある鰻を食べることが習慣となっています。

その由来は諸説ありますが、今のように土用に鰻を食べる習慣が一般化したのは、江戸時代、蘭学者の平賀源内が「丑《うし》の日に『う』の字がつく物を食べると夏負けしない」という言い伝えから、鰻屋の宣伝として看板に「本日土用丑の日」と書いたところ、その鰻屋は大繁盛したといいます。それがきっかけとなって土用の丑の日に鰻を食べる風習が定着したようです。土用鰻のほかに、土用にちなむ食べ物として「土用しじみ」「土用餅」「土用卵」などがあります。また「う」のつくものとしてはウリ、うどん、梅干などがあり、これらを食べると体に良いともいわれてきました。

土用の丑の日でなくとも、猛暑が続くと体力が消耗するため、夏バテ防止やスタミナ増進等に高たんぱくな上、ビタミンA・ビタミンB群などが豊富な鰻を食べることは、栄養学的な面からいっても、理にかなっているといえます。ただ現在はうなぎが少くなっています。

お盆

お盆は、正式には「盂蘭盆会《うらぼんえ》」「精霊会《しょうりょうえ》」といいます。お盆の由来は釈迦の弟子である目蓮《もくれん》尊者《そんじゃ》が、「死んだ母親が餓鬼道《がきどう》に苦しんでいますが、どうしたら救えるでしょうか」と釈迦に教えを請《こ》うたところ、「七月十五日に供養しなさい」と教えられました。その言葉通りにお経を唱え供養すると、その功徳によって母親は救われたという説話から生まれたといいます。それ以来、七月十五日は父母や先祖に報恩感謝を捧げ、供養する重要な日となりました。

現代では七月十五日はまだ梅雨の季節で雨が多いので一ヵ月おくれの八月十五日にお盆の行事を行っているところが多くなっています。お盆は仏教の精霊《しょうりょう》（亡くなった人の霊）供養と日本人が古くから大事にしてきた先祖供養が重なり、日本の年中行事の中でもとりわけ大きな意味をもっています。盆の入り（十三日）の夕方になると、先祖の霊が迷わずに帰ってこられるように、家族全員が家の門口で「迎え火」を焚き、仏壇の前や縁側などにしつらえた盆棚《ぼんだな》（精霊棚《しょうりょうだな》ともいう）で先祖の霊を迎えます。

盆棚には果物や野菜のほか牡丹餅《ぼたもち》、盆花《ぼんばな》（桔梗《ききょう》、萩《はぎ》、女郎花《おみなえし》、山ゆり、樒《しきみ》、なでしこ、ほおずきなど）などを供えます。朝昼晩の三回、ご飯と水を供えるしきたりもあります。また盆棚

にキュウリで作った馬とナスで作った牛を飾るのは、先祖の霊が馬に乗ってこの世に戻り、牛に乗ってあの世に帰ると信じられているからです。

　十五日の夕方、またはお盆の最後の日（十六日）の朝に送り火を焚いて、先祖の霊を送ります。この時、盆棚に供えた野菜や果物などを川や海に流す「精霊流し」を行います。地域によっては「灯篭流し《とうろう》」といいます。送り火で有名なのが、京都や箱根で行われる「大文字焼《だいもんじや》き」です。

盆踊り

盆踊りといえば、浴衣などを着て楽しく踊り、大人と子ども、老若男女を問わず、地域の親睦を深める行事になっています。由来は、年に一度、盂蘭盆会《うらぼんえ》に迎えた先祖の霊を慰めるとともに、たたりをする精霊《しょうりょう》を追いやる習わしからきています。

日本には古来から「虫送り」といって害虫が農作物を荒らすと、歌や踊りを囃《はや》し立てながら自分たちの村の外へ追い出す風習がありました。悪神《あくじん》を踊りの中に入れて外部へ追い払うというわけです。また、お盆は先祖の霊が帰ってくるだけでなく、悪霊も一緒にやってくるといわれていました。その悪霊を踊りで追い出そうというのが、盆踊りの始まりとされています。

盆踊りは鎌倉時代に一遍上人が広めた念仏踊りと、盂蘭盆《うらぼん》の行事が結びついて始められ、やがて華やかな衣装をまとい、太鼓などをたたいて踊るようになったといわれています。江戸時代になると、宗教性よりも芸能に重点が置かれ、一層、娯楽性の強い行事に発展したようです。

盆踊りには列を組んで歩きながら踊る「行列踊り」と、櫓《やぐら》を中心にその周りを踊る「輪踊り」があります。盆踊りで有名なのは徳島県の「阿波踊り」、岐阜県の「郡上踊り《ぐじょうおど》」、秋田県の「西馬音内盆踊り《にしもないぼんおど》」などが挙げられます。

　娯楽の少かった時代、盆踊りは地域総出の行事であり、特に夜に開催されることから、若い男女にとっては開放感にひたり、自由を謳歌する場だったといえます。

　戦時中、遊興が禁止され、夏の風物詩とさえいえる盆踊りも、一時、停止されたこともありました。また、祭りの担い手である若者が召集され、存続の危機にも瀕していたのです。

　戦後は復興とともに、各地で盆踊りが盛んに行われるようになりました。盆踊りは、都市と地方にかかわらず、地域のコミュニティを深める行事になっています。

　そのため、各地のご当地音頭も多くつくられています。自治体や商工会などが作成したオリジナル音頭も珍しくありません。たとえば、「月が出た出た月が出た、ヨイヨイ」のフレーズで知られる福岡県民謡「炭坑節」、東京の「東京音頭」、大阪府の「河内音頭」、北海道の「北海盆唄」などが有名です。

秋の収穫感謝祭

旧暦の七月上旬頃（新暦の八月七日頃）の立秋から十月上旬頃（新暦の十一月上旬頃）の立冬前日までの期間を秋といいます。この時期、一般的には収穫時期に重なることから、収穫を感謝する祭りが全国的に行われます。

立春から二百十日は太陽暦で九月一日～二日にあたり、この頃は例年、台風の季節で、ようやく稲が開花し、実りかけるときで、人々が最も危ぐしたのが風雨による稲の被害です。そのため、風祭りなど台風からの被害がないように祈願する行事も、この季節に多く見られます。なかでも八朔《はっさく》は秋の収穫の無事を祈るもので、農家にとっては大事な行事となっています。

日本には古くから旧暦八月の十五夜、旧暦九月の十三夜の名月を鑑賞し、五穀豊穣を祝う風習があります。神社でも稲の収穫を祝う祭りが秋の終わり頃に行われています。代表的な祭りは「御九日《おくにち》」です。御九日とは九月九日のことです。

毎年十一月二十三日に行われる新嘗祭《にいなめさい》も、その年にとれた新しい穀物を神社に供えて、収穫の喜びを神々に報告し、感謝する祭典です。戦後、この日は勤労感謝の日と定められましたが、もともとは天地自然の神々に感謝し、収穫を喜び合う祭典だったのです。

重陽の節句

九月九日は「重陽《ちょうよう》の節句（節供）」といいます。旧暦では菊の咲く季節であることから「菊の節句」とも呼ばれています。

古来、中国では奇数は縁起の良い陽数とされ、偶数は縁起の悪い陰数とされてきました。その中でも一番大きな陽数（九）が重なる九月九日は大変めでたい日とされてきたのです。そこで、この日を「重陽の節句」と定めて不老長寿や一家の繁栄を願ってお祝いをしてきたといわれています。

中国では菊の花は不老長寿の薬といわれ、特に九月九日、菊の花を浮かべた菊酒を飲んで邪気を祓《はら》い、長寿を願ったとされています。

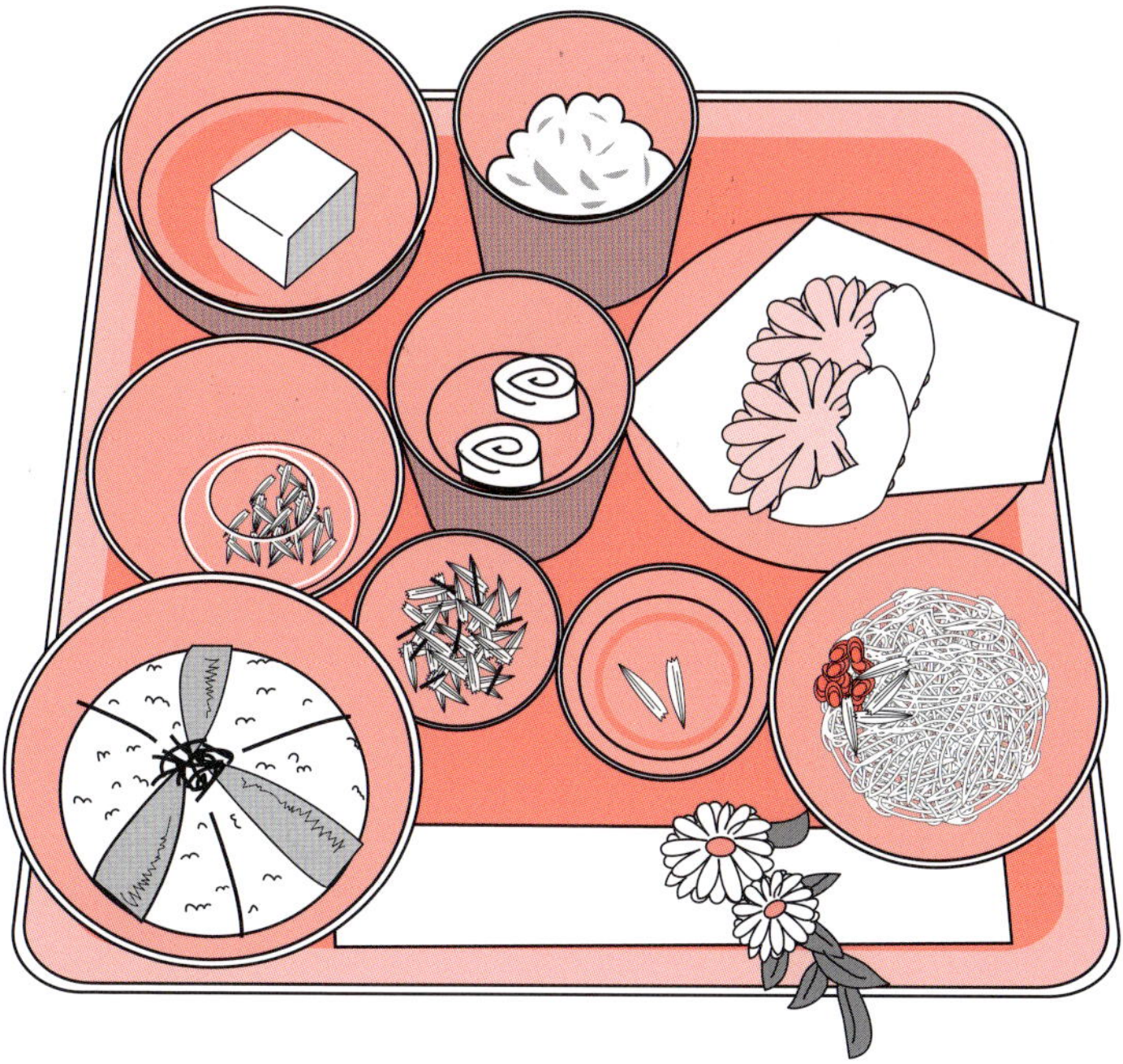

　こうした風習が飛鳥時代、日本に伝わり、「菊花の宴」として宮中行事として取り入れられ、菊花を飾って観賞する宴が開かれていたといい、平安時代には「重陽の節会《せちえ》」として正式な儀式になったといわれています。江戸時代、重陽の節句は五節句の一つとなり、武家や庶民の間にも広まったとされ、菊酒を飲む風習は今も残っています。

　またお節《せち》料理を食べて祝うとともに、育てた菊の花の見事さを競う「菊祭り」や菊で人形を作る「菊人形」など、菊にちなんだ品評会が各地で開かれています。特に有名なものに「二本松の菊人形」（福島県）や「ひらかた大菊人形」（大阪府）などがあります。

お月見

お月見とは満月を楽しむことで、観月ともいいます。旧暦八月十五日は、現在の九月十八日前後で、ちょうど満月にあたります。この日を十五夜（仲秋《ちゅうしゅう》の名月）といい、秋の収穫物を供えて五穀豊穣を祝い、実りに感謝する「十五夜祭り」が催されてきました。仲秋というのは旧暦では七月、八月、九月が秋で、八月はその真ん中なのでこう呼びます

仲秋の満月を鑑賞する風習は中国で行われていたもので、祭壇には果物や鶏頭《けいとう》の花などを供え、月を祀《まつ》ったといわれています。これが平安時代、日本に伝わり、貴族たちによって「月見の宴」が華やかに催されるようになったといいます。やがて庶民にまで広まって全国的な行事として定着しました。

地域によって違いますが、この日は秋の七草を飾り、月見団子や里芋、枝豆、栗などを盛り、お酒を供えて灯明《とうみょう》やローソクをともし、お月見します。

この時期、収穫されたばかりの里芋を供えることから、十五夜の月を芋名月《いもめいげつ》と呼んでいるところもあります。里芋は一株で子芋、孫芋と増えることから子孫繁栄の縁起物とされてきました。

仏教寺院では豊作を祈る満月法会《まんげつほうえ》を催すこともあります。十五夜の月ではうさぎが餅つきをしているといわれ、「餅つき」は満月という意味で「望月」にかけられています。

日本では八月十五日だけでなく、旧暦の九月十三日（現在の十月の中ごろ）にも月見をする風習があり、これを「十三夜」「栗名月」とも呼ばれています。十三夜の風習は中国にはなく、日本独自のものです。

秋の七草

月見には団子や秋の収穫物（栗、芋、ぶどうなど）を供えるとともに、秋の七草が飾られます。

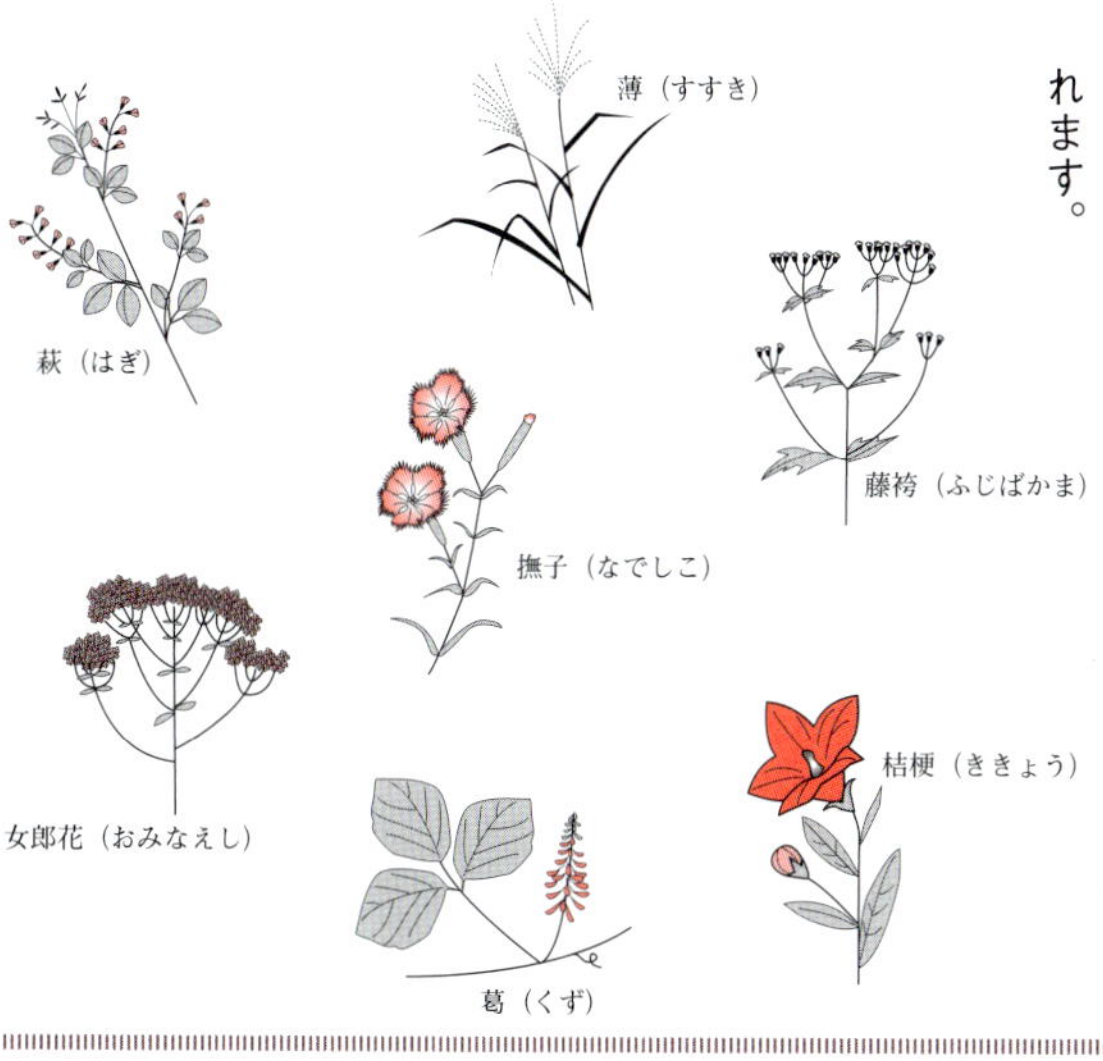

秋のお彼岸

「秋のお彼岸」は九月の秋分の日をはさんだ前後三日、合わせて七日間で、最初の日を彼岸の入り、真ん中の秋分の日を中日、最後の日を彼岸明けといいます。「暑さ寒さも彼岸まで」のたとえ通り、この時期を過ぎると、厳しい暑さが緩み、一年の中で最も過ごしやすい気候となります。この時期に咲く赤い花・曼珠沙華《まんじゅしゃげ》を彼岸花といいます。

春のお彼岸と同様、多くの寺院では彼岸会《ひがんえ》という法要を営み、人々は墓参りして先祖を供養します。各家庭でも萩の花になぞらえて、お萩（牡丹餅《ぼたもち》）や団子、のり巻き、稲荷《いなり》寿司などを仏壇に供えます。

お彼岸の由来は古代インドの文語でサンスクリット語（梵語《ぼんご》）の「パーラミタ（波羅蜜多《はらみった》）」という言葉からきています。「向こう岸に至る」という意味で、彼岸は煩悩や迷いから解放された世界のことをいいます。煩悩に苦しむ「此岸《しがん》」に対し、修行によって迷いを脱し、此岸を渡りきった悟りの境地のことをいいます。

お彼岸に行われる行事は、特に決まったルールはありませんが、仏壇を丁寧に清掃して清め、花を供えたりして故人を偲びます。大事なのは故人と心を通わせ、供養することだと思います。

お彼岸は仏教にもとづいているものの中国やインドには見られない風習です。もともと先祖の霊を大事にする日本の習わしと仏教の考えが溶け合って生まれたともいえます。（春のお彼岸参照）

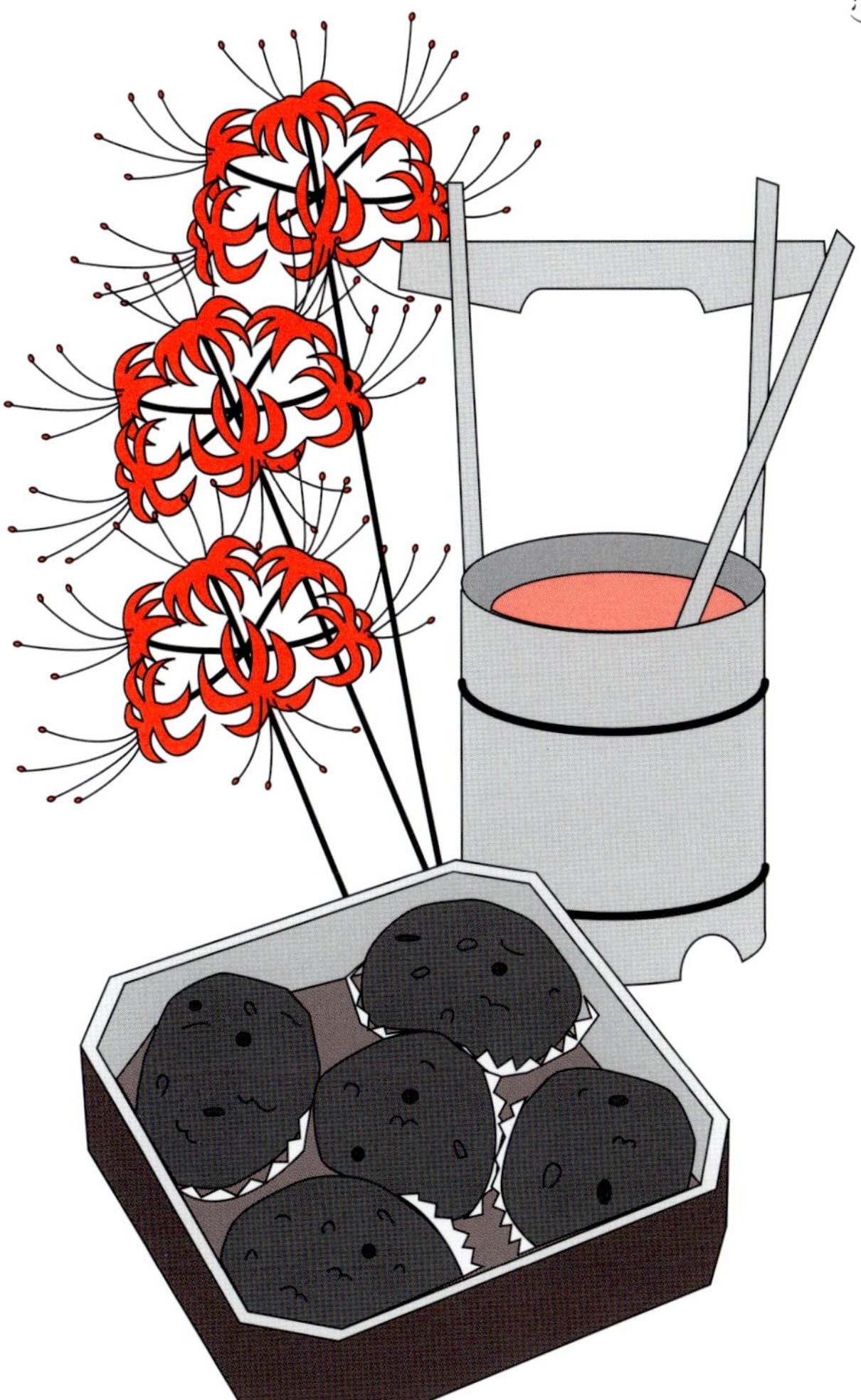

酉の市

酉《とり》の市《いち》とは鷲《おおとり》神社（大鳥神社ともいう）の祭礼で「おとりさま」とも呼ばれ、十一月の酉の日に行われます。この祭りでは神社の境内に市が立つので「酉の市」と呼ばれています。酉の日は年に二回あったり、三回あったりします。最初の酉の市を一の酉、次を二の酉、三の酉といい、「三の酉まである年は火事が多い」といわれます。

鷲神社は武運長久《ぶうんちょうきゅう》の神として信仰されていて、そこで開かれた市が酉の市で、もともとは収穫祭という意味合いの強い祭礼でした。しかし、それがいつの間にか商売繁盛や開運を祈る祭りになったといいます。その祭礼の市でおかめや招福の縁起物を飾った「縁起熊手《えんぎくまで》」が人気品となりました。

熊手は酉の日に農具として商《あきな》いされていたのですが、福をとり込み、かき集める縁起物として人気を集めました。また、鷲が獲物をわしづかみすることになぞらえて、その爪を模したもので、福徳を鷲づかむという意味が込められているといわれています。酉の市前夜を「宵《よい》の酉」といいますが、「客をとり込む」という「とり」の掛詞《かけことば》にあやかり、熊手を買い求める人々で賑わいます。

酉の市の縁起物は安く買うほどいいとされ、買う側と売る側による値段の駆け引きが賑やかに繰り広げられます。商談が成立すると、威勢の良い三本締めが行われます。「それでは皆さん、お手を拝借」という言葉がかかると、威勢のいい手拍子の音が響きます。

手締《てじ》めの形式は地方によって違いますが、「イヨー！」という掛け声の後に「三本締め」か「一本締め」を行うのが一般的です。

手締め

手締めは、争いごとを無難に解決した証として拍手したことに由来しているといわれています。

拍手するということは、手に武器をもっていないことを互いに確認するという意味もあり、平和的に解決したことを喜び合う意味が込められているといってもいいでしょう。

さまざまな行事を締めくくるときや共同体が一年間無事に運営され、有終の美を飾るときなどに手締めは行われますが、それにはお互いの健闘を称え合う響きもあります。

手締めには大きく分けて、江戸締めと大阪締めがありますが、現在、一般的なのが江戸締めで、「シャシャシャン、シャシャシャン、シャシャシャン、シャン」を一回だけやる一本締めと、三回繰り返して行う三本締めがあります。

年の市

十二月十三日から二十三日頃にかけて正月用の飾り物や羽子板などを売る市が立ちますが、これを年の市（暮市《くれいち》、節季市《せっきいち》）といいます。年の市は、その年の最後の市「納めの市」ともいわれ、江戸時代から盛んになりました。

寺社の門前や境内は、市を立てる場所があり、参詣人も集まることから、新年に向けてさまざまな生活用品を揃える人たちで賑わいます。さいたま市大宮の氷川神社や東京の浅草寺などは特に有名です。浅草寺のその年の最後の縁日は十七日、十八日で、一年の無事に感謝し、来る年の無事安穏を願う人たちで賑わいます。

年の市で売られる物としては、注連《しめ》飾りや神棚、羽子板、凧《たこ》などの正月用品だけでなく、海老《えび》や鯛《たい》、昆布、餅などの食品、まな板や桶などの台所用品、さらに衣料や植木など、さまざまな生活雑貨全般に及んでいます。

現在は正月用品の購入も通常の商店で購入するようになり、年の市に並ぶ商品に変化はあるものの、江戸末期に流行した羽子板市は依然として盛況です。羽子板市は「邪気を羽根《はね》返す」とされる縁起物で、大振りな羽子板が売れると、手締めが行われます。

宝

除夜の鐘・年越しそば

除夜《じょや》とは除日《じょじつ》の夜のことをいいます。除日とは一年で最後の日という意味を表わし、大晦日《おおみそか》のことを指します。

除夜の鐘とは大晦日（十二月三十一日）の午前零時を挟む時間帯に、寺院の梵鐘《ぼんしょう》をつくことをいいます。神社では境内で火を焚き、神主が身を清める大祓《おおはら》えを行います。その夜を「大晦《おおつごもり》」「除夜」「年越し」などといって、新年の神様である年神様（豊穣・豊作の神様）を寝ないでお迎えするといわれています。

人には百八つの煩悩《ぼんのう》があるといわれ、その煩悩を祓《はら》うために除夜の鐘をつく回数は一〇八回です。煩悩とは人の心を惑わしたり、悩ませ苦しめたりする心の働きをいいます。

通常、大晦日の夜につかれる除夜の鐘は一〇七回で、残りの一回はその年の煩悩に煩わされないようにといった意味を込めて、新年（一月一日）になってからつきます。

年越しそばは大晦日の年越しの夜に、除夜の鐘を聞きながら食べるのが一般的です。縁起を担いで食べるそばで、歳末の日本の風物詩となっています。呼び方も地域によって異なり、つごもり蕎麦《そば》、大晦日蕎麦、寿命蕎麦、福蕎麦などさまざまです。

年越しそばの由来は、そばは長く伸ばして細かく切って作る食べ物なので、〝細く長く〟ということから、「健康長寿」を願ったといわれています。また、他の麺類よりも切れやすいことから「今年一年の災厄《さいやく》を断ち切る」という説もあります。

正月事始め

正月事始《しょうがつことはじ》めは十二月十三日で、この日から正月の準備を始めるのが一般的ですが、地方によっては十二月八日とする地域もあります。この日に餅つきをしたり、注連《しめ》飾りをつくったり、門松を飾ったりして、正月を迎えたものです。

しかし、年の瀬が迫ってくると、人々は忙しく、十三日に注連飾りや門松を飾るのは早すぎるといって、年末の二十六日〜二十八日に飾る家庭が多いようです。遅くとも二十八日までには終わらせている家庭が多いと思います。それでも終わらない場合、三十日に行うのが通例です。二十九日は「苦」ということで避け、三十一日も「一夜飾《いちやかざ》り」といって縁起が悪いばかりでなく、神様に対しても誠意が欠けるといわれ、避けるのが習わしとなっています。

正月の準備の一つとして大掃除があります。大掃除を別名、「煤払《すすはら》い」といいますが、これも十三日に行っていたのですが、やはり早すぎるというので、十三日は神棚や仏壇の掃除だけで済ませて、年末に大掃除を行っている家庭が多いようです。

正月に各家庭で飾る門松の松の枝を採るために山へ入ることを「松迎《まつむか》え」といいます。松には神霊が宿ると信じられ、伐ってきた松は清い場所に保存されました。

第3章　訪問ともてなし、贈答のしきたり

訪問の心得と玄関での挨拶

訪問する場合は、お伺いするお宅へ事前に連絡をしておきましょう。何の連絡もない突然の訪問は相手に対して失礼にあたります。また、その際、たとえば「三十分ぐらいで失礼します」と、大体の時間を伝えておくことも大切です。

訪問にふさわしい時間は午前中なら十時以降、午後なら二時～四時ごろで、昼食時や夕食時は避けたいものです。

玄関の外でコートを脱いでから呼び鈴を鳴らすのが一般的です。外のほこりを持ち込まないといった意味があります。しかし、最近では欧米流のマナーが広まってきたこともあり、玄関に入ってから脱ぐこともよいとされます。雨の日などは傘を中に持ち込まないのがマナーです。

玄関に入ってドアを閉めてから、「お邪魔いたします」と軽く会釈します。ドアを閉めながらの挨拶は不躾《ぶしつけ》な印象を与えますので気をつけましょう。そして家人に「どうぞ、お上がりください」といわれたら、「失礼いたします」と述べて靴を脱いで上がります。その際、最も注意しなければならないマナーは、相手にお尻を向けないことです。

靴を脱いで上がったら、体の向きを斜めにして、膝をついてしゃがみ、靴の先をドアの方へ向けて揃え、端の方へ寄せておきます。夫婦や仲間など複数の人数で訪問する場合は、先に上がった人の靴をあとの人が揃えてから上がるようにしましょう。

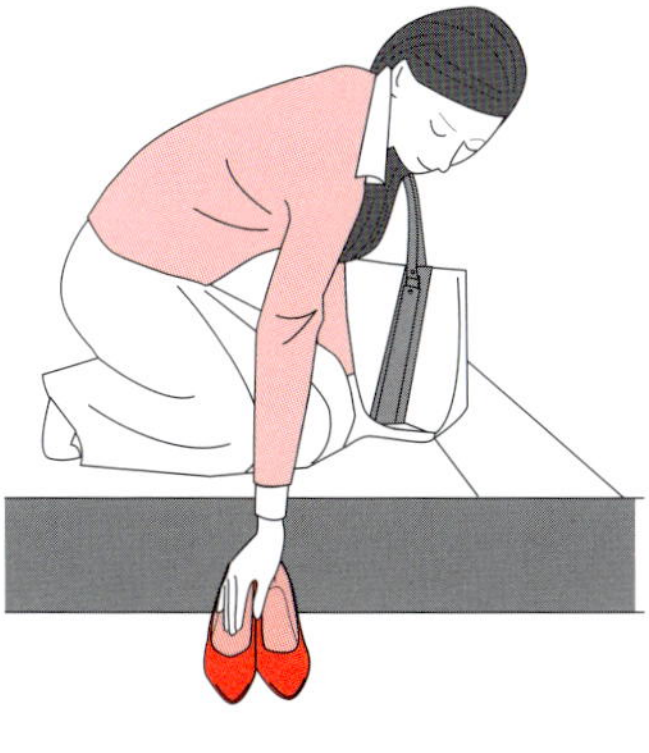

和室への入り方

障子やふすまの開け閉めは原則として座って行います。入るときは、ふすまに対して斜めに座り「ごめんください」と声をかけ、返事を確認したあと、片手で五センチ～十センチほど開けます。次に敷居から十五センチほど上の縁に手を当て、自分の体の半分ほどまで開けます。そして今度は手を替えて、敷居の上をふすまを滑らせるようにしながらすべて開けます。中へ入るときは両手を脇について手で体を支えながら、膝をすって入り一礼します。室内では人や床の間に背を向けて開け閉めしないように気をつけましょう。

閉めるときは開けるときと逆の所作になります。ふすまに向かって正座し、ふすまに近いほうの手で敷居から十五センチ上のあたりをつかみ、中央まで閉めます。次に手を替え、敷居から三十センチ上のあたりをつかみ、残り五センチ程度まで閉めます。そして引き手に手をかけ、全部閉めます。

普段は何気なく開けていても、かしこまった席では失礼に当たることも多く、ばつが悪い思いをすることもありますから、ふすまの開け閉めには十分、気をつけましょう。部屋に入るときの挨拶は敷居の上ではなく、部屋に入ってからします。

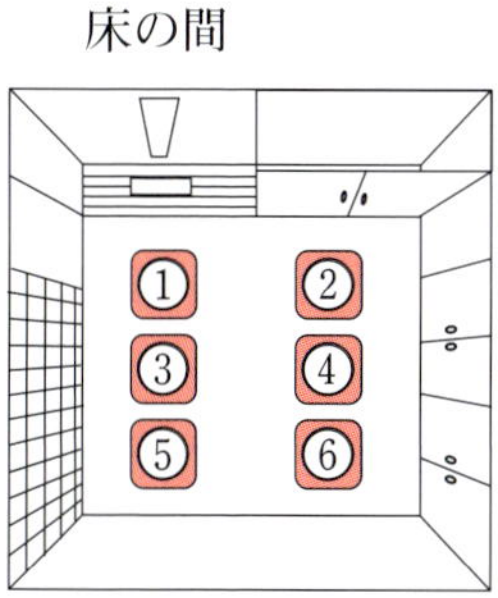
床の間
①
②
③
④
⑤
⑥

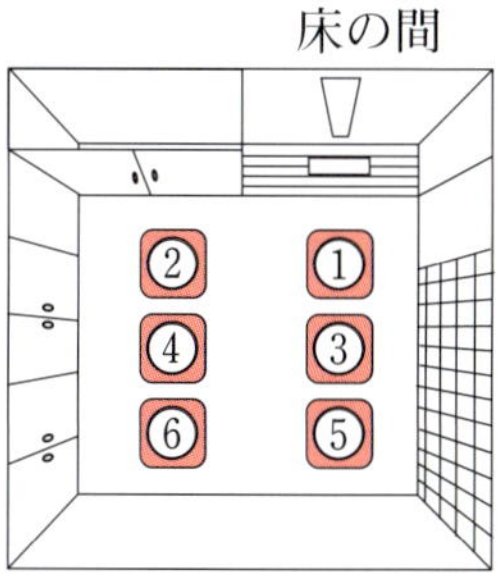
床の間
②
①
④
③
⑥
⑤

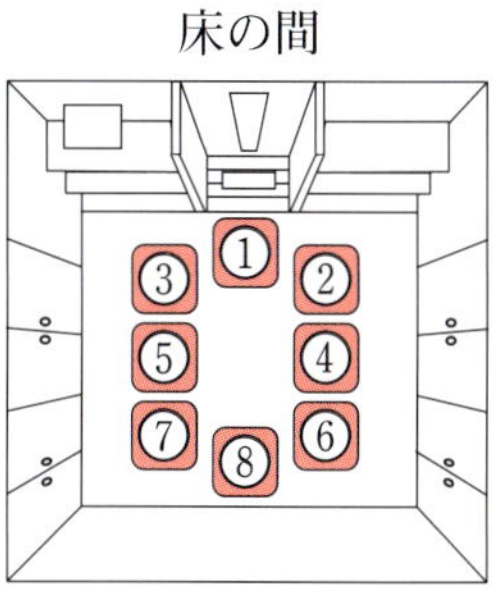
床の間
①
③
②
⑤
④
⑦
⑧
⑥

洋室への入り方

洋室の場合も、玄関を通るときのマナーは和室と同じです。チャイムを鳴らす前にコートを脱いで手に持ち、髪や服装の乱れを直します。手袋なども外します。

洋室に案内された場合、相手からの指示がない限り、下座を選んで椅子に座るのが一般的です。洋室の下座は入り口に一番近い席とされ、上座は入り口から最も奥まった席と位置づけられています。そこで迎える方は、お客さんを上座の方に案内します。しかし、迎える側の中心者がまだ来ていない場合は、来るまで下座に座って待ち、現れたら立ち上がって挨拶し、すすめられた席に座るようにするのがエチケットです。

洋室は和室と違って床の間を基準にできないため、お客さんがどこに座ればよいのか迷うことがあります。その場合、接客する側が「○○さんはこちらへ、この椅子は××さん」というように座る位置を示したほうがよいでしょう。

洋室の場合、テーブルは付き物ですが、自分の荷物をテーブルの上に置くのは避けたいものです。小さ目のバッグなら自分の体の横に置き、大きめのバックや荷物は足元に置くようにしましょう。

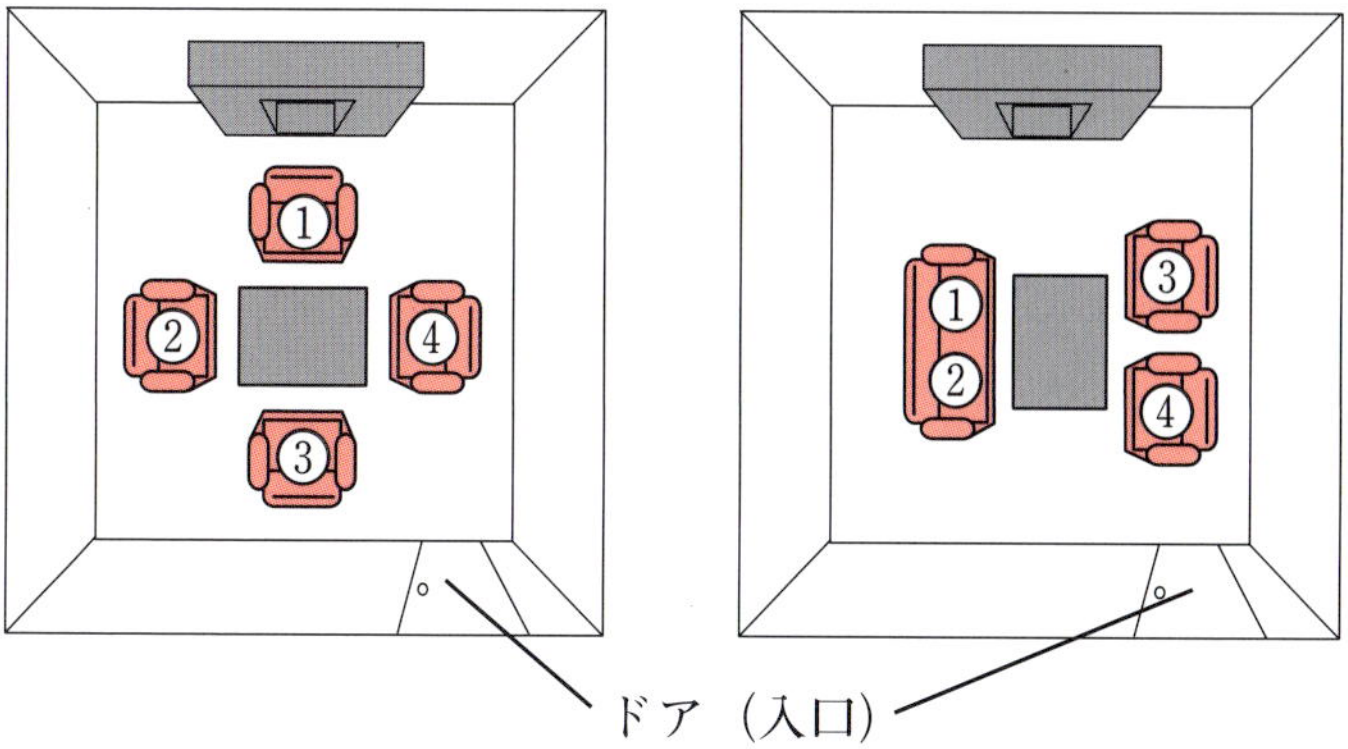
1
2
3
4
1
2
3
4
ドア（入口）

手土産の渡し方

感謝の心を込め、手土産を持参するのが、訪問するときのしきたりです。手土産は客間に通されて、挨拶が済んでから渡すのが基本です。その際、相手から正面が見える向きで、両手で手渡します。

アイスクリームや生ものなどの場合は、その旨をひとこと告げて渡すほうがよいでしょう。手土産は相手の好みが分かっているときは、それに合わせます。分からない場合は、お菓子や花など、季節に合ったものを選ぶといいでしょう。手土産は風呂敷に包んだり、紙袋に入れたりして持参するのが礼儀ですが、手提げ袋ごと手渡すのは相手に対して失礼にあたります。

手土産は訪問先の近所の店で買うのは避けたいものです。近所で直前に買ったものでは、先方に間に合わせで買ったような印象を与えてしまいます。

本来、「土産《みやげ》」とは旅に出るとき餞別《せんべつ》をくれた人への恩返しとして、旅先の土地の名産品を求めて帰ったのが始まりだといわれます。

日本人は旅行に出かけると、家族や親類、友人に渡すお土産を買います。この風習は、日本独自の神道が関係しているといわれています。「みやげ」の語源は「宮笥《みやげ》」（笥は竹で編んだ箱）

からきているといいます。宮笥とは神社でいただくお守りやお札のことで、本来、土産とは各地の神社に赴き、そこでいただいたお守りやお札だったのです。

交通の発達していなかった時代、隣近所でお金を出し合って、村の代表者に伊勢神宮などへのお参りを託し、お参りした人は、お土産を持ち帰り、地域の人たちに配ったといわれています。

交通の便の良い現代でも、土産物を買う風習が残っているのは、こうしたところから来ているといわれています。

このほか、「みやげ」とは、人に差し上げる品物を「見上げ」た上で選んだからで、「見上げ」が転じて「みやげ」になったという説もあります。「見上げ」とは丁寧に見て調べ上げるという意味が込められています。

お茶のいただき方

訪問先でお茶を出されたら、冷めないうちに早くいただくのがマナーです。まず「いただきます」と言ってから、湯呑の蓋のつまみを右手でつまみ、左手を添えて蓋をゆっくり傾けます。このとき、蓋のしずくが外へこぼれないよう、蓋を九十度に傾け、お茶の中にしずくをこぼします。

蓋は茶碗の右側に添え置き、右手で湯呑を取り、左手で湯呑の底を支えます。お茶をいただくとき、口を茶碗の方へ近づけるのは品がない飲み方とされます。左手で茶碗の底を支え、口の方へ茶碗を持ち上げるようにします。また音を立てて飲むのも相手に対して失礼にあたります。一〜二口ずつ数回に分けて飲むのが礼儀です。

飲み終わって茶碗に蓋をするときは、飲み口が向かい側の方に見えないように奥から手前に閉め茶托に置きます。このときも、飲むときと同じように音を立てないようにし、しずくがこぼれないよう気をつけて、そっと蓋をするのが上手なやり方です。

お茶にお菓子がついていたら、お茶を一口飲んでから食べるようにしましょう。抹茶のときは、お菓子を先に食べるという作法や目上の人が食べてから口をつけるといったしきたりがあります。なお、紅茶やコーヒーに砂糖やミルクを入れて混ぜる場合は、グルグルかき回さず、スプーンをカップの中央で前後、数回ゆらします。紅茶の場合、レモンをスプーンに乗せて紅茶に入れて混ぜます。使用したレモンはスプーンに乗せて、カップの向こう側に置き、ケーキが出されたら、フォークで一口大に切っていただきます。

お茶を飲むのに格式ばったルールはありませんが、お茶を出してくれた人に対して、感謝の気持ちを込めて丁寧な所作でお茶をいただきたいものです。

もてなしの基本

訪ねて来られた方に対し心温まる気持ちでお迎えするのが、もてなしの基本です。気心の知れた友人から、接待客まで、暮らしの中でおもてなしをする機会は多いものですが、基本をおさえておくと、どんな時でも対応できます。

お客さまを招くには、やはり家の清掃が欠かせません。玄関やトイレ、廊下など、お客さまが使う可能性のある場所はきれいにするとともに、十分な換気をしてお迎えしたいものです。和室の客間の場合、床の間や飾り棚のほこりは目立ちますので、丁寧な掃除を心がけましょう。

玄関は、それぞれの家の顔といわれます。家族の靴は片付け、お客さまの人数分のスリッパを用意します。玄関やトイレなどに花を一輪挿しておくと、家の雰囲気がなごみます。テーブルには季節の花や旬の果物を置くのも、おもてなしにとって大切なことです。

お客さまがいらっしゃる際は、十分におもてなしができるように、あらかじめ来客の人数や所要時間を聞いておくことをおすすめします。

お招きしたお客さまに気持ちよく過ごしていただくために欠かせないのが、お茶やお菓子です。お客様が親しい人なら好みを聞いて茶菓を出すといいですが、聞きにくいときは洋菓子ならコーヒーや紅茶、和菓子なら日本茶を出すのが「もてなし」の基本です。お茶のお代わりはごく親しい人なら同じ茶碗に注いでもいいですが、正式には別の茶碗に入れて出すのが作法です。

お祝い品、お礼品の贈り方

お祝い品（結婚、出産、就職、昇進、定年退職などの贈り物）やお礼品の贈り物は通常、先方宅を訪問して渡すのが基本です。しかし、贈り先の人が遠方に住んでいたり、共働きの人や留守がちな人へ贈る場合は、先方に負担がかからない郵送または宅配便で送るのもひとつの方法です。贈り物を持参できなかったお詫びをひとこと添えておくと、より心が通じます。

郵送や宅配にはデパートなどの買い物をしたお店から直接送る方法と、手紙などを添えて自宅から送る方法があります。お店から送る場合、事前に添え状を用意し、同梱してもらうように頼むこともできます。

贈答のため先方宅を訪問し、和室に通された際は、すすめられた席に移動して座布団の脇に正座します。挨拶は贈り物を下座（入口側）に置いてから行います。洋室の場合は椅子に座る前に立ったまま贈り物を渡します。

贈り物をいただいたら、相応の返礼をするのがしきたりです。贈られたままだと、相手に失礼になります。ただ、結婚祝いや就職祝いなどをいただいたら、基本的にお返しは不要という人もいますが、お礼状を書いて、本人から感謝の気持ちを伝えることは大切です。また就職祝いをいただいた場合、初月給が出たときに、ささやかでもお礼の品を贈ると喜ばれます。

返礼は日本特有のしきたりで、欧米にはない習慣です。欧米では「ありがとう」で終わります。品物を贈り合う日本は世界で最も贈答が多い国といわれています。

お返しのしきたり

お返しとは、贈り物をいただいたことへの返礼として品物などを贈ることを指します。贈り物をいただいたら、相応の返礼をしましょう。おつきあいの上からも、いただきっぱなしというわけにはいきません。まずは、すぐに手紙や電話でお礼するのが基本です。

初節句や七五三のほか、入園・入学祝い・成人祝いなど子どもに対するお祝いは、出産祝いを除き、基本的にお返しする必要はありません。もちろん、親がお礼を伝えるのは当然のことですが、子ども自身にもきちんとお礼の手紙を書かせたり、電話でお礼を伝えたりすることは、とても大切なことです。

内祝いや香典返しは「半額返し」とよくいわれますが、そんな決まりはありません。そもそも香典については、「お葬式費用の助け合い」ですから、半額返さなければならないはずはありません。

実際は「三分の一返し」でも「五分の一返し」でもよいのですが、半額返しが気になるようでしたら、目安として金額の半額ぐらいの品物を贈るのが無難です。大事なのは香典をくださった方に対する感謝の心です。

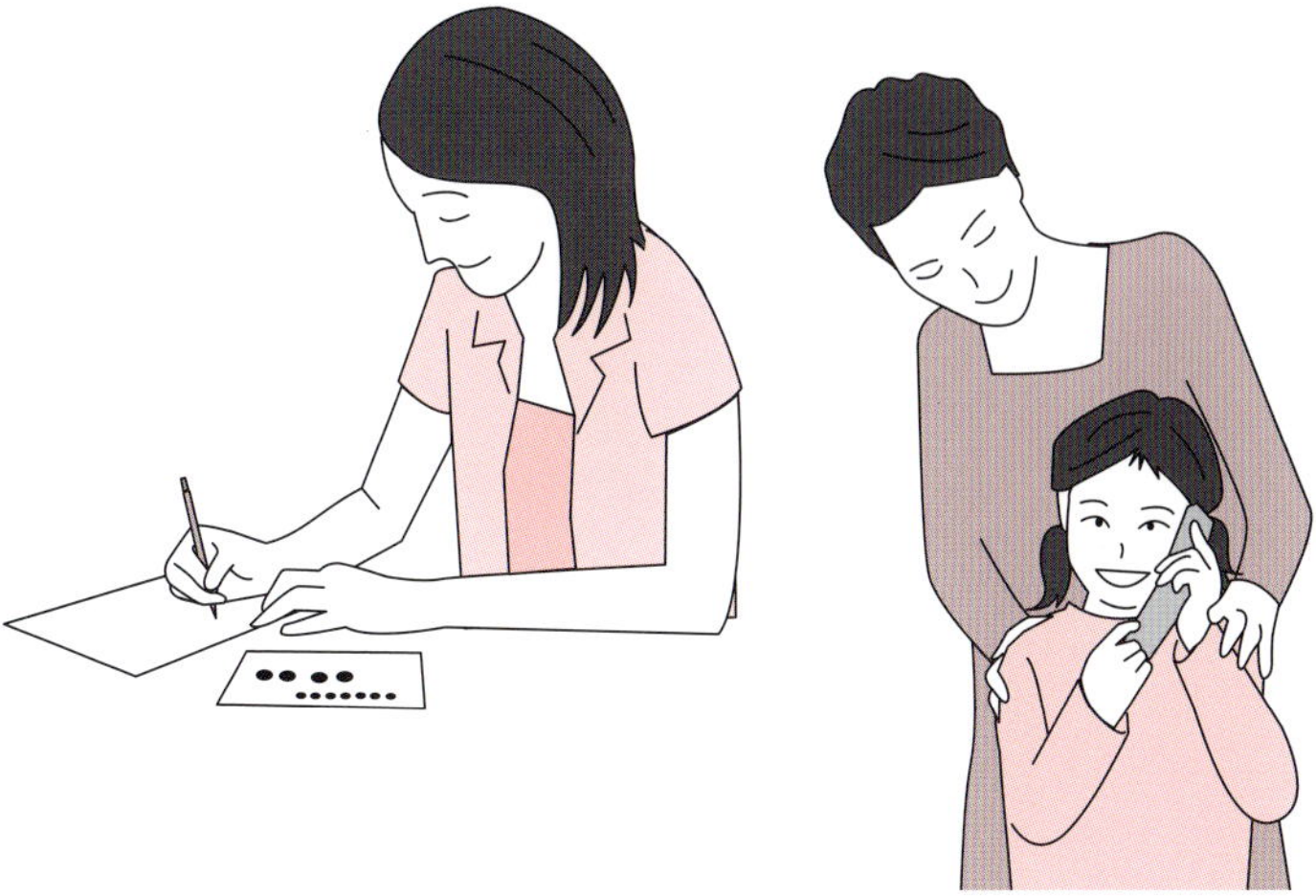

お返しする時期についても厳格な決まりはありませんが、香典を受け取ったあと、すぐにお返し品を贈るのはどうかと思います。香典に込められた気持ちを突き返されたような印象を与えかねないからです。慌てる必要は全くありません。

ただし、お礼状はなるべく早く出した方がよいと思います。出産祝いをいただいた場合には、できれば生後一カ月ごろには内祝いのかたちでお返ししたいものです。

なお、欧米には「返礼」のしきたりはありません。欧米では「ありがとう」の言葉で感謝の意を表わします。相手の慶事に贈り物をする場合はありますが、その都度、「お返しする」というしきたりはありません。

地域によってお返しのしきたりは異なりますが、慶事であれ、弔事であれ、人と人のつながりを大事にする風習のひとつといえます。

水引とのし

水引《みずひき》とは大事な贈答品の包み紙や封筒につけたり結ぶ飾り紐《ひも》のことをいいます。水引は神に物を供えるときの注連縄《しめなわ》に由来し、人に物を贈るときに「敬い」の気持ちを伝えるため、贈り物に紐をかけたのが始まりといわれています。室町時代に中国から伝えられたもので、水引の結び目には、その人の魂が宿るといわれています。水引は結び方によって、「花結び」「結び切り《むすびきり》」「鮑結び《あわびむすび》」の三種類があります。花結びは蝶結びともいわれ、容易に結び直すことができるので、「何度あっても良い」ということから慶事全般に用いられています。

「結び切り」や「鮑結び」は「一度きりで繰り返さない」という意味から快気祝いや結婚祝いなどに用いられます。一般に慶事のときは紅白、弔事のときは黒白などの水引を使います。

熨斗《のし》は水引と同じように包装した贈り物の右上に貼り付け、大事な贈り物であることを表わす細長くたたんだ紅白の紙に包まれた黄色い紙片のことをいいます。熨斗の由来は昔、薄く伸ばした鮑《あわび》を縁起物として贈り物に添えていたことからきたといわれています。

現在は簡略化され、印刷熨斗や折り熨斗を使用した熨斗紙や祝儀袋《しゅうぎぶくろ》があり、品物と一緒に目録をつけて贈るというしきたりも簡略化されています。

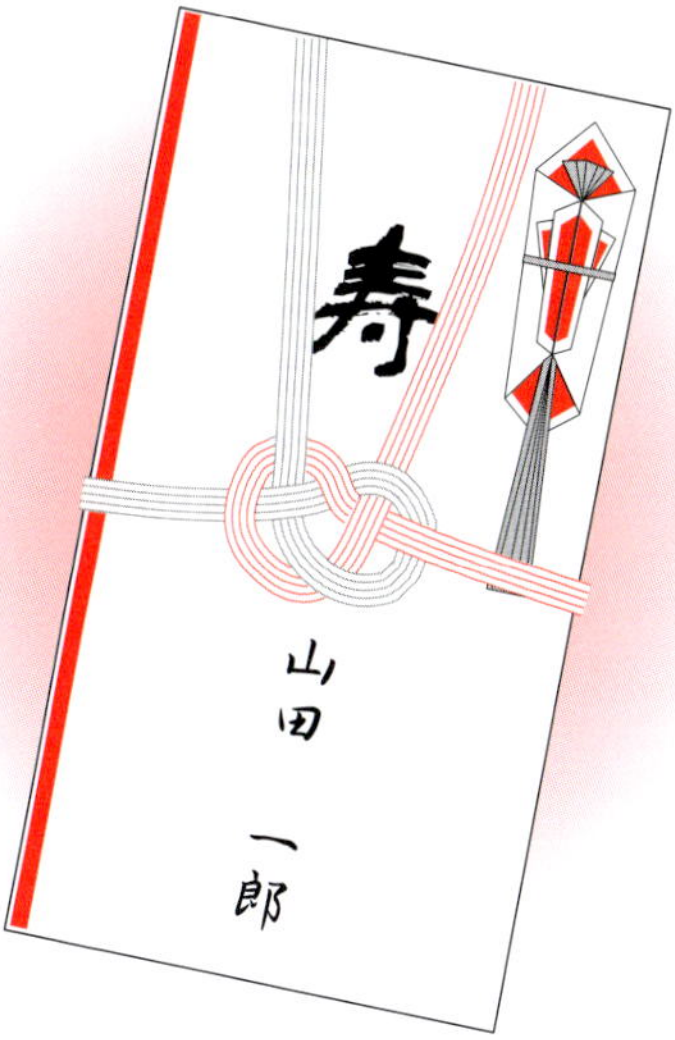

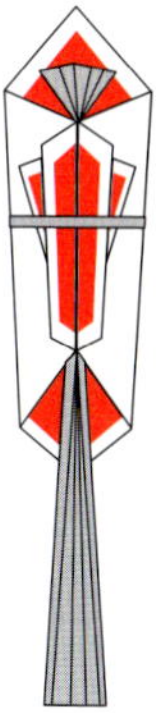
熨斗

花結び
（蝶結び）

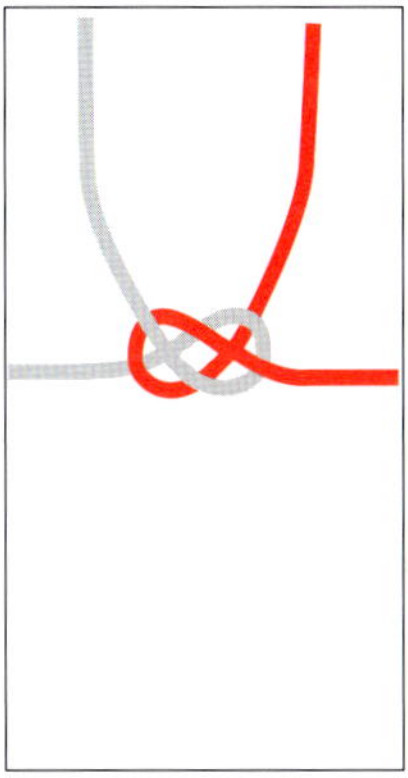
あわび結び

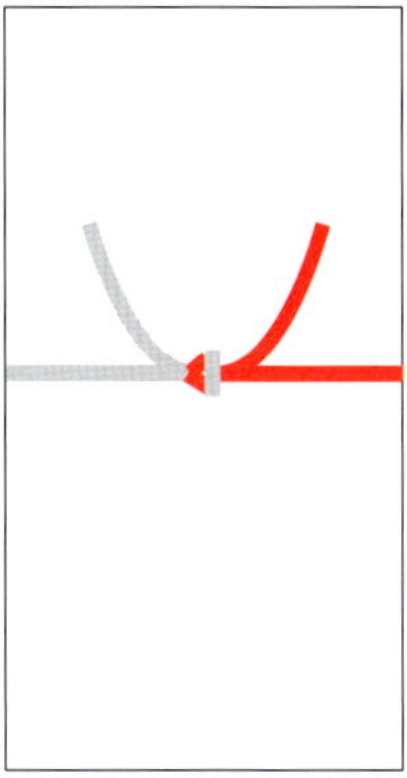
結びきり

中元と歳暮

お中元は、日ごろお世話になっている方に感謝の気持ちを込めて品物を贈るしきたりで、中国から伝わった三元節に由来しています。三元節とは一年を上元（一月十五日）、中元（七月十五日）、下元（十月十五日）の三つに区分し、それらの日に神にお供えし、身を清める祭事のことをいいます。

こうした習わしが日本に伝わり、特に江戸時代、日本のお盆行事と結びついて定着したといわれています。両親への見舞いや先祖への供養をかねて、七月十五日の中元には盂蘭盆会《うらぼんえ》の仏事が寺院などで盛大に行われるようになりました。この日に、いろいろな食べ物をお供えして先祖供養する風習がお盆の行事と重なって広まったと考えられます。

また商人がお盆のこの時期に、お得意先に集金に伺い、粗品を渡したこととも結びついて、お中元の贈答習慣が定着したといわれています。贈り物を届ける時期は七月一日から八月十五日までが一般的で、七月十五日が過ぎた場合は「暑中お見舞い」「暑中お伺い」となります。

お歳暮はその年にお世話になった職場の上司や親、恩師などへの感謝と、来年の一層のおつきあいを願うという気持ちを込めて贈る品物のことをいいます。贈る時期は十二月上旬から二十日頃までに届けるのが一般的です。年の暮れに年神様や先祖の霊に一年の感謝を込めて供える米や餅、魚などを一族で持ち寄ったことに由来するといわれ、やがて現在のように、お世話になっている親類や上司などに品物を贈るしきたりになりました。

お歳暮は本来、品物を風呂敷に包み、相手先を訪問して手渡すのが礼にかなった贈り方ですが、現在はデパートなどからの配送が一般的となっています。いただいたら早めに礼状を出すのがしきたりです。

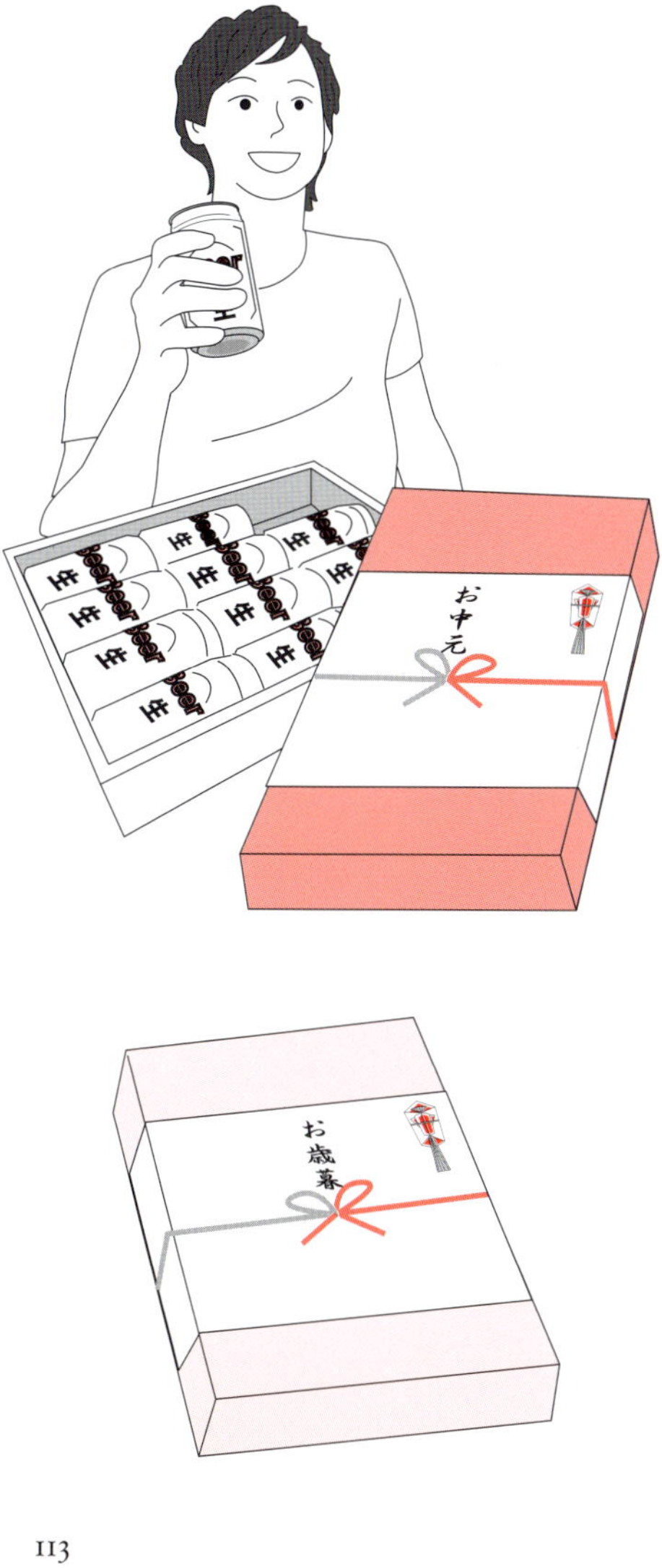

贈答品の表書き

かつて人に物を贈る際、品物やお金をむき出しのまま手渡すのは無作法とされ、紙を敷いた台に贈り物を乗せ、目録をつけるのがしきたりで、目録には贈り物の内容や数量、贈る人の名前などを書きました。たとえば、「御海苔　五帖」という風に贈る内容を書き、その左下に贈る人の氏名を記すのが礼儀でした。

現在は「お中元」「お歳暮」などと書き、表書きを印刷した紙を貼って簡略化しています。慶弔の時は祝儀袋や不祝儀袋に現金を入れて贈る方法が一般的になっていますが、袋には、贈る側の意図がわかるように表書きするのが一般的です。

たとえば、結婚などのお祝いには「お祝い」、「寿」、年賀は「御年賀」「御年始」、お礼は「薄謝」「御礼」、慶事のお返しは「寿」「内祝い」などと書き、おくやみは神式の場合は「御神前」「御玉串料」、仏式の場合は「御香典」「御仏前」、キリスト教の場合は「御花料」などとし、弔事のお返しは「志」「忌明」などとしたためます。

葬儀などで相手の宗教がわからないときは「御霊前」としておくのが無難でしょう。贈り主の名前は姓だけでなく、フルネームで書くのが通例です。

贈答品の包み方は慶事と弔事の場合で使い分けするのが一般的です。包み紙は婚礼のときは二枚重ねて包み、弔事のときは一枚だけにします。包み方は慶事のときは品物を包み紙の上に置いて、まず左から折り、次に右を折って左の上にかぶせます。弔事のときは慶事とは逆の折り方になります。

表書きを毛筆でする場合、慶事のときは墨を濃くして書き、弔事のときは薄くして書くというのが習わしです。弔事に薄墨《うすずみ》を使うのは、悲しみの涙が硯《すずり》に落ちて墨が薄くなるという意味合いからで、会葬御礼の文面が薄くなっているのも哀悼の意を込めているからです。

なお、表書きは、単語でなくともかまいません。「感謝の心を込めて」「ご協力ありがとうございました」などと、品物を贈る気持ちを具体的に書いてもよいと思います。

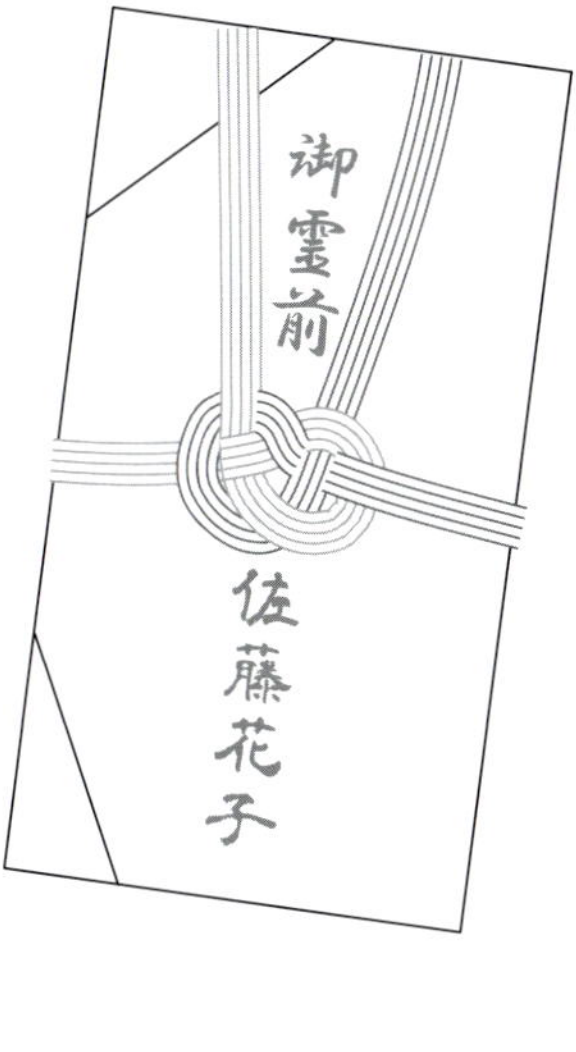

災害見舞い

災害といっても、台風や地震などの天災から、火災などの人災に至るまで、さまざまな災害があります。そうした災害に遭った人たちを見舞うことを災害見舞いといいます。たとえば、二〇一一年三月一一日、東北や関東地方を襲った「東日本大震災」で、多くの人たちが被災者になりました。このようなときのお見舞いには、まず相手側に連絡して、状況を確かめることが大切です。

被災者が遠方に住んでいる場合は、手紙や電話で激励しましょう。「大変、お辛いことと存じますが、必ずや新しい道が開かれると信じております」などとひとこと添えることが、相手にとって励ましになります。もちろん、必要なもの、たとえば食料品や寝具、日用雑貨、医薬品、衣料品などを贈ると喜ばれます。何より相手の心に寄り添い、少しでも励ましになる見舞いを心がけたいものです。表書きは「災害御見舞」とします。

被災者が災害見舞いを受けた場合、お返しは必要ありません。まずは生活の立て直しが最優先です。しかし、見舞ってくださった方には、生活が一段落したところで経過報告などを兼ねた近況と感謝の気持ちを伝える礼状を出したり、電話でお礼を述べるといいでしょう。

第4章　人生の節目の儀式

帯祝い

帯祝《おびいわ》いとは、妊婦の妊娠五カ月目にあたる戌《いぬ》の日に出産の無事を祈って白布（晒木綿《さらしもめん》）の腹帯《はらおび》を巻く儀式のことです。戌の日に行うのは、犬は多産で、しかもお産が軽いことから、それにあやかったといわれています。

この帯は「結肌帯《ゆはだおび》」「斎肌帯《いはだおび》」といわれていたのが、やがて「岩田帯」と呼ばれるようになりました。岩のようにたくましく、元気な子どもが生まれるようにとの願いも込められています。帯祝いは別名「着帯祝《ちゃくたい》い」ともいいます。腹帯は妊婦の実家や仲人が、絹地紅白二筋と白木綿《しらもめん》一筋を贈るのが一般的です。白木綿だけでもかまいません。

妊娠五カ月といえば、お腹の中にいる赤ちゃんは順調に育ち、流産の心配もなくなります。また母親になる喜びもしみじみと実感できるころで、帯祝いには、そうした喜びと、安産の願いが込められており、母親になることへの自覚を促す意味もあります。帯祝いの当日は妊婦の下腹部に岩田帯を巻き、家族や親しい人たちとともに赤飯を食べながらお祝いをします。

腹帯には体温の保持や赤ちゃんの位置を保ち、妊婦の動きを楽にする効果もあります。最近では、さらしを巻くタイプだけでなく、コルセットタイプも市販されています。

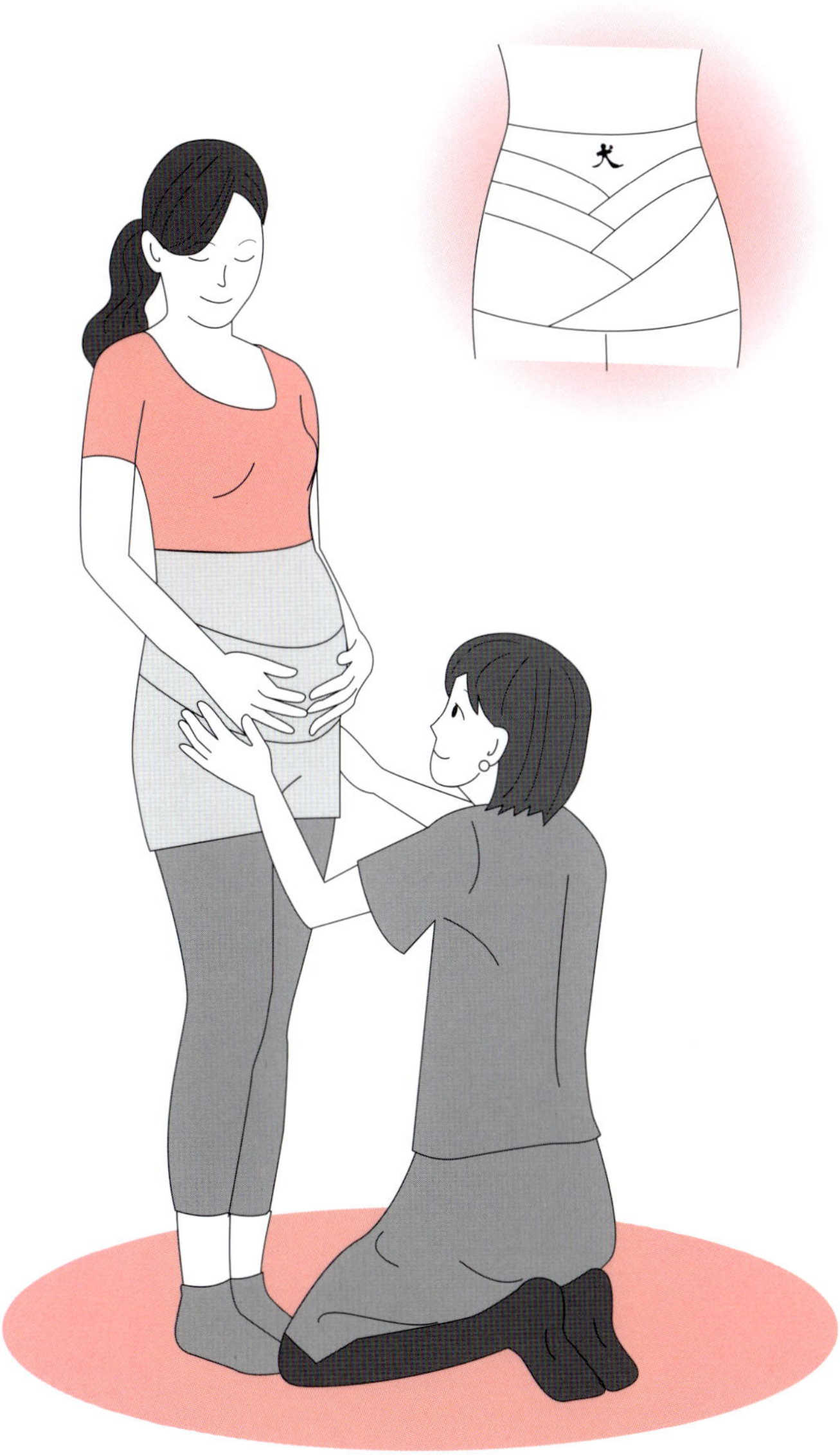
犬

誕生（出産）祝い（お七夜、お宮参り、お食い初め、初誕生祝い）

お七夜《しちや》とは出産後七日目に行われるお祝いのことをいい、子どもの名前を披露し、身内で祝う儀式です。昔、乳児の死亡率が高かった時代に赤ちゃんが生後三夜、五夜、七夜、九夜と育っていくことを感謝して祝っていた習わしに由来するといわれており、平安時代の貴族の間では「産立《うぶたち》の祝い」として行われていたようです。

お宮参りは子どもが生まれて初めて神社にお参りする行事で、無事に生まれたことを、その土地を守る氏神《うじがみ》に報告し、新しい氏子《うじこ》として認めてもらうのが習わしでした。今では子どもの誕生に感謝し、健やかな成長を願う行事になっています。

お宮参りは生後一カ月が目安とされていますが、地域によっては七日目（お七夜）に行うところや、百日目というところもあり、地域によってまちまちです。お宮参りに行く時は父方の祖母が抱いて行くのが通例といいますが、今はこれにこだわることはないでしょう。

生まれて百日目に行う儀式が「お食《く》い初《ぞ》め」です。子どもが一生、食べ物に困らないように願い、子どもに初めてお乳以外の食べ物を食べさせる儀式で、「箸初め」「箸祝い」とも呼ばれています。この日は、子どものために茶碗、箸などを新調し、祝い膳には一の膳、二の膳があって、一の膳には握り飯、鯉などを添え、二の膳には紅白の餅を添えます。

初誕生祝いは生まれて初めて迎える満一歳の誕生日を祝うもので、餅を子どもに背負わせる儀式です。地域によっては、一升つきの餅を子どもに背負わせますが、これには、一生（一升）健康でたくましく生きてほしいという親の願いが込められています。

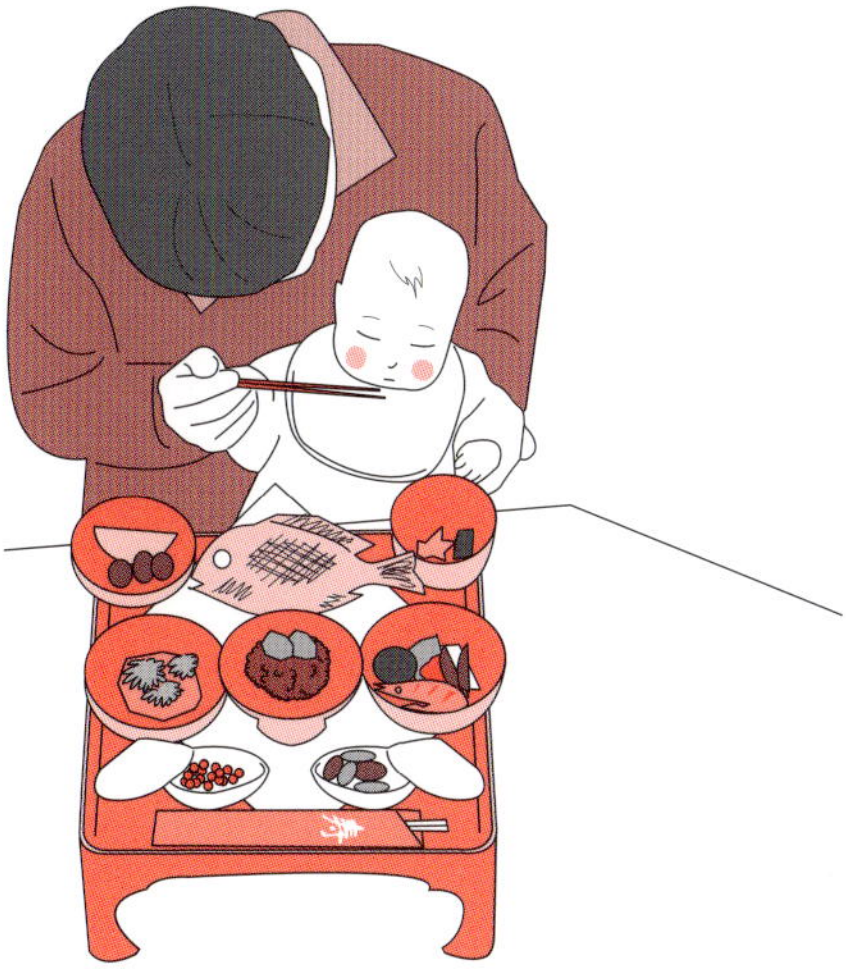

内祝い

本来の「内祝い」は身内に出産や七五三、結婚、入学、新築などの祝い事があったとき、その喜びを分かち合うために親しい人たちに物を贈ることをいいます。文字通り、身内のお祝いとして配っていたのです。お祝いをいただいた返礼に「内祝い」とすることもあります。

今でも内祝いが本来の姿を残しているものに、結婚披露宴で配られる引き出物があります。これも一種の「内祝い」で、結婚祝い（御祝儀《ごしゅうぎ》）に対して後日、内祝いを送る必要はありません。逆に引き出物を渡していない人から結婚祝いをもらった場合、結婚内祝いを贈る必要があります。内祝いの品物としては紅白の餅やかつお節などが選ばれていますが、今はタオルやハンカチのセットなど実用品も多いようです。

お返しのときの目安は、お祝いとしていただいた金品の三分の一程度といわれていますが、それにこだわることはありません。すべて一律の品物にしてもよいでしょう。お返しの表書きは「内祝」とします。

出産祝いの場合、生まれた赤ちゃんのお披露目も兼ねて、子どもの名前をのしに書いたり、命名札を添えて贈るのがよいと思います。

出産祝
ご出産
おめでとう！

七五三

七五三とは三歳を迎えた男女、五歳を迎えた男子、七歳を迎えた女子に晴れ着を着せて十一月十五日に社寺に詣《もう》でて成長を祝い、お祓《はら》いを受ける儀式です。昔は数え年で祝っていましたが、今は満年齢で祝うのが一般的です。

七五三のお参りの時期は親の仕事の都合などで、必ずしも十一月十五日ではなく、十月中旬から十一月前半の吉日や土・日・祝日を利用する人が増えているようです。地方によっては一カ月繰り上げて十月十五日に行うところもあります。

この行事は平安貴族の家庭内で行われていたといわれています。当時、幼児の髪を剃ると、やがて黒髪が生えてくるといわれ、男女ともに剃っていました。三歳になって初めて伸ばし始めたのです。

武士の家では、これを「髪置《かみお》きの儀」といいました。五歳になると、男の子は袴を着る「袴《はかま》着《ぎ》の儀」を行います。この時は、基盤の上に立たせる風習があります。女の子は七歳になると、着物に縫い付けていた紐を取って、初めて帯を結ぶ「帯解《おびとき》の儀」を行いました。これが今の七五三の原型といわれています。

近年は七五三の記念撮影のみを行う家庭も多いようですが、行事の本質は子どもが無事に育ったことに感謝するとともに、これからの健やかな成長を祈願することにあります。

服装は三歳の女の子は肩揚げをした着物に帯を結ばないで、「被布《ひふ》」という赤のベストのようなものを羽織ります。三歳、五歳の男の子は以前は、紋付羽織に仙台平《せんだいひら》の袴、七歳の女の子は揚げをした着物にかかえ帯をつけるのが一般的でしたが、今は洋服も多くなっています。

また、現在では子どもが晴れ晴れとした気分でいられるように、疲れない服装、無理のないスケジュールで祝うことが多くなっています。七五三に欠かせないのが千歳飴です。江戸の浅草寺境内で売られて、全国に普及したといわれています。

入学、進学、卒業、就職の祝い

入学・進学祝いとは本来、家族の間のお祝いごと、いわゆる内祝いのひとつで、入学や進学などをする本人に対するお祝いであり、その家族に対する祝福です。お祝いの品は保育園や幼稚園、小学校入学の場合は、子どもに渡すより親に渡すのが一般的です。祖父母からランドセルや学習机が贈られるケースが多いように思われます。

中学入学・進学のお祝いは通学用のバッグや自転車、腕時計などが多いようです。高校や大学の入学・進学の場合は本人に何が欲しいか聞いて贈るほうが喜ばれます。贈るものは時代によって変わりますが、最近はギフト券や図書カードを贈るケースも多いようです。これらは、いつでも使えるので無難といえます。お金を贈る場合は、幼稚園、小・中・高校、大学とも、一万円が妥当だと思います。

卒業祝いも内祝いです。両親から子どもに、祖父母から孫に、伯父（叔父）・伯母（叔母）から甥、姪に贈るのがほとんどです。贈る時期は卒業式の前がよいと思います。贈る品物は卒業後に役立つものを選んだほうがいいでしょう。現金を贈る場合も多いようですが、商品券やギフトカード、図書カードも喜ばれます。

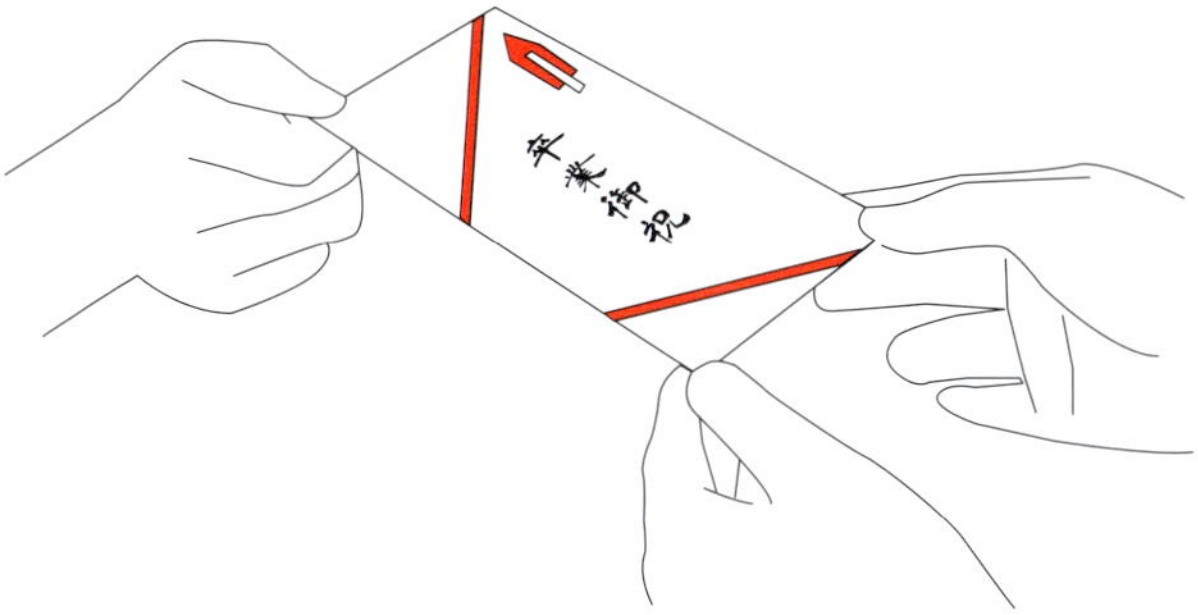

就職祝いも身内の祝いですから、親や兄弟姉妹、親戚、さらに家族ぐるみのつきあいのあるような人たちとお祝いするのがしきたりです。

入学や卒業、就職のお祝いは、身内のお祝いですから、お返しする必要はありませんが、必ず本人からお礼の手紙なり、電話なりするのが礼儀であり、本人の成長のためにもぜひ身につけさせたいマナーです。就職祝いの場合、社会人としてスタートするのに必要なものはいろいろありますが、本人から聞いて贈るほうがいいでしょう。

成人式

日本では現在、男女とも二十歳になると、成人として認められます。一月十五日を「成人の日」として国民の祝日に定めたのは一九四八年（昭和二十三年）ですが、いまは一月の第二月曜日になっています。

「成人の日」には各自治体が主催して、大人の仲間入りした人の門出を祝うところが多くなっています。男性はスーツを、女性は振袖姿の人が多く見られますが、服装も時代によって変化し、現在はかなり多彩になっています。成人式が終わった後、家族や友人と祝い合うことが多いようです。

もともと、日本では、一人前の大人として認められる「元服《げんぷく》の儀」が行われていました。「元」は首と頭、「服」は着用するという意味で、宮廷や貴族、武士社会では、だいたい十五歳前後になると、髪型を変え、冠《かんむり》をかぶるようになり、着る衣服も成人と同じ装いになったのです。この「元服の儀」が現在の成人式の原型といっていいでしょう。

最近は、進学や就職で出身地を離れて暮らす若者も多く、成人式への出席率も低下しているようです。また、少子化や過疎化によって新成人になる人口が減少し続けている自治体も多いと思います。これからの社会を担う若者の門出を家族はもとより、会社や地域で祝っていきたいものです。

地鎮祭と棟上式

地鎮祭《じちんさい》とは土木工事を行う際や建物を建てる際に、土地の穢《けが》れを清め祓《はら》って、その土地に宿る神霊を鎮《しず》めるために行う、いわば作業に取りかかる前の安全祈願の儀式です。

土地の四隅《よすみ》に青竹を立て、神主のもと、建築業者や施主が出席して行うのが一般的です。敷地中央に祭壇を組み、神主が祝詞《のりと》をあげ、施工主が鍬入《くわい》れの儀式を行います。地鎮祭の日取りは吉日（大安、先勝または友引の日）を選び、午前中に行うところが多いようです。

建物の土台や骨組みができあがり、いよいよ柱や梁《はり》、桁《けた》、力板《ちからいた》の上に棟木《むなぎ》を上げる際に行うのが、「棟上式《むねあげしき》」（上棟式《じょうとうしき》ともいう）で、棟上げまでの工事が終了したことに感謝し、無事、建物が完成することを祈願する儀式です。

本来は神主を招くのが習わしですが、最近では大工の棟梁《とうりょう》を中心に、現場で働く人たちによって行われることもあります。式後は職人たちを酒宴でもてなすのが通例です。

このとき、施主は職人たちにご祝儀を渡すのがしきたりです。現在の棟上式は「儀式」というよりも、施主が職人をもてなす「お祝い」ともいえます。また地域によっては、棟上式に集まった近所の人たちに餅や金銭などをまいたりして、ともに祝ってもらうところもあります。

新築祝い

新築祝いは新しく家を建てたり、マンションを購入した人から新居を披露するため招待された人が金品を贈るしきたりです。それではどんなものを贈ったら喜ばれるでしょうか。

インテリア雑貨や観葉植物、食器、キッチン用品などを贈ることが多いようです。しかし、暖房器具など火に関係するものは火災を連想させ、新築祝い品として適切ではありません。

新築した人がすでに購入しているものもありますから、相手に希望を聞いて望むものを贈るのが一番いいのではないでしょうか。

贈る時期は、通常は招待された日に持っていきますが、かさばる物や重いものは宅配業者に手配しておくこともできます。当日持参しないで、あとでカタログから選んでもらう方法もあります。もし、招待されなければ、新築後半月から遅くとも転居一～二カ月以内に贈りたいものです。

新築祝いに招待した人には、飲み物と軽い食事でもてなすことで、お返しとなります。もしお返しとして品物を贈る場合、表書きは「内祝」とし、いただいた金品の半額相当のものをお返しするのが基本です。

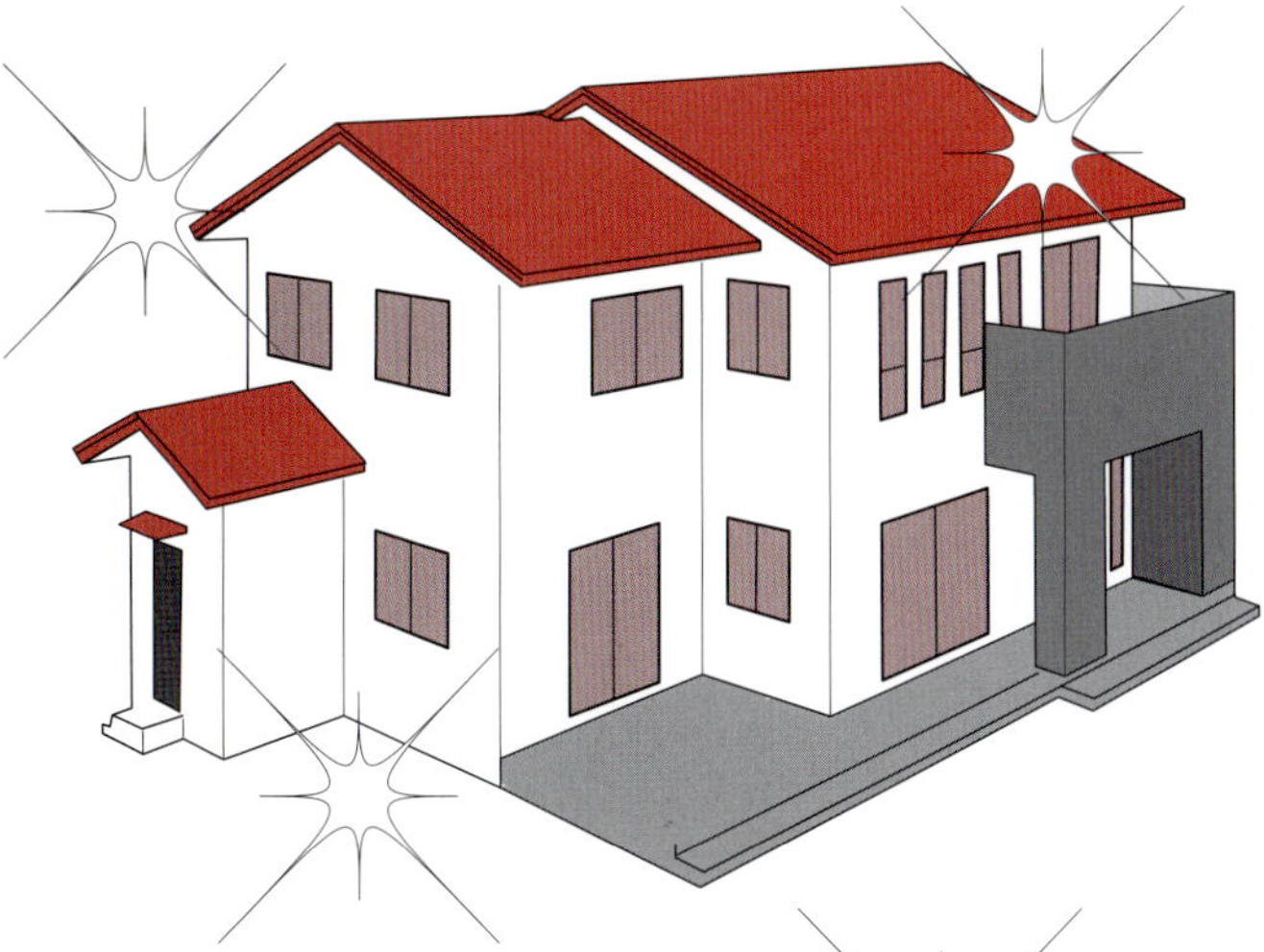

祝新築　友人一同
祝新築

引っ越しの挨拶と祝い

　今までお世話になった近所の方々や、これからお世話になる新居の近所の方々への挨拶は、近隣を大切にする上からも欠かすことのできないマナーです。

　旧居の場合、引っ越しの二、三日前から前日までに、今までお世話になった近所の方々にはひとこと、挨拶しておきましょう。

　新居の場合は、新生活での生活をスムーズに送るためにも、また地域の一員として、支え合うためにも近所へのあいさつは、きちんとしておいたほうがよいと思います。

　引っ越しの挨拶は、集合住宅の場合はまず大家さんや管理人さんにし、さらに左右両隣

と上下のお宅に挨拶するのが基本です。

戸建の場合は「向こう三軒両隣」とよくいわれるように、向かい側三軒のお宅と、左右二軒の隣家。挨拶のタイミングは、引っ越し当日は騒音等で近所に迷惑をかけるので、事前に「○○日に引っ越してくる○○と申します。何かとご迷惑をおかけしますが、よろしくお願いいたします」と挨拶しておくのがよいでしょう。

近所への挨拶品は洗剤、石鹸、タオル、お菓子などを持っていく人が多いようです。引っ越し前に住んでいた地域の名産品なども喜ばれます。挨拶に伺う時間は相手に迷惑になるような早朝や夜間などは避けたほうがよいでしょう。

引っ越した人へのお祝いは、新しい生活に役立つものを事前に希望を聞いて贈ると喜ばれます。

引っ越し蕎麦《そば》

ともかく江戸の人たちは蕎麦が好きだったようで、江戸末期には三千軒の蕎麦屋があったといわれています。

引っ越しのときに蕎麦を配ることも江戸時代から始まった風習です。大家さんに五つ、隣近所に二つ配るのが一般的でした。

なぜ引っ越しの挨拶に蕎麦を配ったかというと、「おそばに引っ越して参りました」という語呂合わせとともに、「そばのように細く長くお付き合いをお願いします」という意味も込められていたようです。

新しい所に来て、地域の仲間に溶け込んでいくためにも、同じものを食べることは大事なしきたりだといえます。

引っ越しそばの中にも、日本人の近隣を大切にし共同体を大事にする心が脈打っているといえるかもしれません。

厄年ばらい

人間にふりかかる災いを「厄《やく》」といい、その災いから身を守るために行う儀式を「厄よけ」「厄落とし」「厄祓い《やくばらい》」といいます。厄年《やくどし》は、一生で災難に遭うことが多いとされている年齢のことです。

一般的には男性は二十五歳、四十二歳、六十一歳。女性は十九歳、三十三歳、三十七歳です。とくに男性の四十二歳と女性の三十三歳は「大厄《たいやく》」といいます。これは四十二が「死に」三十三が「さんざん」という言葉に通じることから生まれたといわれています。

厄年の考え方は、もともと古代中国の陰陽道《おんみょうどう》からきたもので、日本では平安時代に広まったものです。『源氏物語』にも、紫上《むらさきのうえ》が厄年をとても気にしていた場面があります。

男女とも、この年齢になると、肉体的・精神的な転換期を迎え、大きな変化が起こりやすいため、この風習が今も根強く残っていると考えられます。

厄年に当たる年齢になった男女は、「厄よけ」のため、正月か節分、誕生日に神社やお寺でお祓い《はらい》を受け、自分の健康を祈り、神仏の加護に感謝します。厄年の数えかたや厄ばらいの方法は、地域や宗派によって異なります。いずれにしても、この年齢になったら、身を慎み、自分の健康管理や生活スタイルを見直したいものです。

還暦祝い

還暦《かんれき》とは、六十年で干支《えと》が一回りして再び生まれた年の干支にかえることから、元の暦に戻るという意味で、このように呼ばれています。

江戸時代には数え年で六十一歳になると、還暦祝いを行っていました。この年齢になると、公私ともに隠居する人が多く、人生の一つの節目としてとらえられてきました。

現在は満年齢が一般的になっているため、六十歳を迎える誕生日に還暦祝いを行うのが一般的になっています。あるいは、お正月やゴールデンウイーク、お盆休みなど、お祝いする人たちが集まりやすいタイミングで還暦

祝いを行うことが多くなっているようです。

今は「人生九十年」といわれていますが、これまで頑張ってこられた六十年の道のりに対する尊敬の念と感謝の心を伝え、新たに始まる「人生の門出」にエールを送るような還暦祝いを行いたいものです。

では、還暦祝いにどんなものを贈ったらよいでしょうか。「生まれ直す」という意味から、赤ちゃんのときに着る赤い頭巾《ずきん》と赤いちゃんちゃんこを贈るしきたりがあります。赤いちゃんちゃんこを着るのは、赤色が〝魔除《まよ》け〟の意味があるのと、干支が一巡して〝赤ちゃんに還《かえ》る〟という意味があるからで、よく見られる風習です。

現在の六十歳はまだまだ現役といっていい年齢です。赤いちゃんちゃんこにこだわらず、赤いブレザーなどを贈るのもひとつのアイデアです。

長寿の祝い始めと変遷

長寿を祝うしきたりは中国では賀寿と呼ばれ、かなり古くからあったと考えられ、日本には奈良時代に伝わっています。

やがて、平安時代になると貴族を中心とした「算賀」という儀式が行われていました。この時代、日本人の平均寿命は四十歳ぐらいだったため、「四十の賀」から十年ごとに年を重ねたことを祝っていました。

江戸時代には数え年六十一歳（満六十歳）を祝う還暦祝いが定着していたようです。この時代でも、平均寿命はまだ短く、六十歳まで生きるのも長寿だったのです。

長寿の祝い方は地域によってさまざまですが、家族や地域の人々が年を重ねた人を尊敬し、祝うとともに、長生きをした人にあやかりたいという気持ちも重なっています。

今の日本は平均寿命が女性は八十歳を超え、男性も八十歳に近い長寿国です。長寿祝いは古希あたりからでもいいかもしれません。

退職、退官の祝い

定年退職や退官といっても、嘱託というかたちで続けて働く人も多くなっています。それでも無事に定年まで勤めあげたことはめでたいことであり、これまでの勤労とおつきあいに感謝し、祝福の気持ちを込めて退職・退官祝いをしたいものです。

一般的には会社の部下や同僚・有志などが送別会を開いて、お祝いの記念品や花束を贈呈しますが、記念品は退職する人の趣味や好みを考えて選ぶとよいでしょう。直属の上司や先輩に当たる方で大変お世話になっていた場合は、個人的に贈り物をするのもいいと思います。

送別会や記念品についてのお返しは慣例として必要ありませんが、後日、近況報告を兼ねたお礼の手紙は出しましょう。

定年退職だけでなく、転職や結婚、出産のための退職もあります。どんな事情であれ、これまでお世話になったことへのお礼と感謝の心を忘れず、温かみのあるプレゼントや言葉を贈りたいものです。

贈り物としては、これからの暮らしに活かせる生活応援グッズ的なものが喜ばれるようです。食事券や温泉への招待券などを贈るのもよいでしょう。

銀婚式、金婚式

銀婚式とは結婚してから二十五回目の結婚記念日のことをいいます。結婚記念日を祝う風習はヨーロッパで始まったといわれています。日本では明治二十七年に明治天皇が銀婚式のお祝いをしたことが広く伝わり、一般家庭でも結婚記念日を祝うようになったといいます。

一方、金婚式は結婚五十周年のお祝いのことで、銀婚式とともに節目の結婚記念日として盛大にお祝いするのがしきたりになっています。銀婚式は当事者が開き、金婚式は周りの人のお膳立てで開くのが通例です。

贈り物としては銀婚式はカフスボタンや帯留《おびど》めなどの銀製品、金婚式は金やエメラルドなどを加工した時計や金杯などを贈るのがいいと思います。金銀そのものでなくても、それに関係したもの、たとえば、金糸や銀糸を使った衣類などでもよいでしょう。

水引は紅白の蝶結びで、表書きには「祝結婚記念日」「御祝」などとしたため、下段には「子ども一同」などと書きます。

銀婚式、金婚式では、これまで長い道のりを共に歩んできた二人に感謝と尊敬の気持ちを伝え、心から祝福するとともに、これからの健康長寿を祈りたいものです。

長寿祝い（古希、喜寿、傘寿、半寿、米寿、卒寿、白寿、上寿、茶寿、皇寿）

長寿を祝う風習は、もともと中国から伝わったといわれ、日本でも平安時代から四十賀、五十賀として祝賀する儀式があり、還暦などは江戸時代に一般化されたといいます。

長寿の祝いは数えの六十一歳の「還暦」から祝いますが、今は昔と違って、六十一歳でもまだまだ若く、老人と呼ぶにそぐわなくなっています。本格的な長寿祝いは「古希《こき》」と呼ばれる七十歳あたりからがふさわしいでしょう。

長寿祝いの贈り物の色としては、古希《こき》・喜寿《きじゅ》は紫色、米寿《べいじゅ》は金・茶・黄色、白寿《はくじゅ》は白色のものを贈るというのが一般的です。

贈り物は、杖やルーペ（拡大鏡）、補聴器など、いわゆる「年寄りくさい」と思われるものは避けたほうがよいと思います。おしゃれな衣類やそれに合った品物を選んだほうが喜ばれます。長寿祝いをいただいた場合のお返しは茶器などを贈ることが多いようです。

祝い膳には通常、赤飯が出されます。しかし、主役が年齢を重ねるにつれ、赤飯では固くて食べにくいこともありますので、赤飯を小豆粥にするなどの配慮も必要でしょう。いずれにしても、元気に年齢を重ねていることを共に喜び、祝いたいものです。

長寿祝いの名称と年齢、いわれ

古希《こき》（七十歳）-中国・唐の詩人・杜甫の詩「人生七十古来希也」によるもの。

喜寿《きじゅ》（七十七歳）-喜の字を草書体にくずすと七十七に見えることに由来。

傘寿《さんじゅ》（八十歳）-傘の略字が八十と読めることに由来。

半寿《はんじゅ》（八十一歳）-半の字が八十一から成り立っていることに由来。

米寿《べいじゅ》（八十八歳）-米の字が八十八から成り立っていることに由来。

卒寿《そつじゅ》（九十歳）-卒の略字「卆」が九十と読めることに由来。

白寿《はくじゅ》（九十九歳）-百の字から一を取ると「白」になることに由来。

上寿《じょうじゅ》、百寿《ひゃくじゅ》（百歳）-寿命を上（百歳）、中（八十歳）、下（六十歳）に分ける。

茶寿《ちゃじゅ》（百八歳）-茶の字が十が二つと八十八から成り立っていることに由来。

皇寿《こうじゅ》（百十一歳）-皇の字が百から一を取った白と十と二から成り立っていることに由来。

受賞（章）祝い

友人や知人が、たとえば、文学賞や国からの勲章を受賞（章）した場合、いち早く電話やメールでお祝いの言葉を述べ、これまでの努力や健闘を称えてあげることが大切です。それがすんでから、お祝いの品物を贈るほうがよいでしょう。

では、どんな贈り物をしたらよいのでしょうか。親しい間柄なら、生花や酒類、新鮮な鯛や海老、昆布などがよいでしょう。ただ、魚介類を贈るときは、「のし」はつけません。「のし」は生臭物と考えられているからです。

ご祝儀の表書きは「御受賞（章）御祝」「祝御受賞（章）」とします。お祝いをいただいた受賞（章）者は内祝いとして記念品を用意しておくとよいでしょう。その記念品はお祝いとしていただいた金品の半額程度が通例です。

受賞（章）者側が心がけたいのは、まず親戚や友人、仕事仲間に報告することです。とくに自分を育ててくれた両親や恩師などには心から感謝の気持ちを伝えるのが礼儀です。祝賀会を開いて、受賞（章）の報告を行い、記念品を用意するのもひとつのかたちです。

発起人がいる場合は「祝賀会」、本人主催の場合は「感謝の会」とすることが多いようです。

第5章　結婚のしきたりと作法

婚姻の歴史

日本の婚姻のかたちは時代によって変わってきました。男性が女性の家を訪ね、婚姻を認められれば、その男性は女性の家に通うことができるというしきたりは、平安時代まで続いたといわれています。

封建社会の時代を迎えると、男性優位となり、家父長の権限が強くなります。婚姻は家と家を結ぶ力となり、それに伴って、婚姻のかたちも民俗学者・柳田国男が『明治大正史』に書いているように、「婿入《むこい》り婚《こん》」「足入《あしい》れ婚《こん》」「嫁入《よめい》り婚《こん》」という風に変わってきたといいます。

婿入り婚とは男性が一定期間、妻となる女性の家に通うもの。婚姻成立の祝いなどは女性方で行われていました。「足入れ婚」というのは婚姻成立の祝いを婿方で行ったあと、嫁になった女性が生家に戻って生活をします。そして、婿が嫁の生家に泊まりに通う「婿入り婚」のかたちを一定期間とったのち、嫁や子どもが婿方の家に移り、一緒に生活しはじめるものです。

今の婚姻の形態は「嫁入り婚」ですが、これは戦国時代から江戸時代の武家社会で一般的に行われていたものです。嫁入り婚というのは男性の家に女性が嫁ぐという形態で、武家社会のしきたりが一般庶民にも広がったといわれています。やがて婚礼の儀式、作法も生まれ、現在の結婚式の原型が出来上がったといわれます。結婚式を式場やホテルなど別のところで行うようになったのは、明治以降になってからのことです。

お見合い

お見合いとは結婚を希望する男性と女性が、第三者の仲介によって対面することをいいます。「見合い」はもともと、男性に女性を「妻合《めあ》わす」という意味で、たいてい、女性の家で行われ、その場で男性が意思表示するのが習わしでした。これを仲介する人のことを仲人《なこうど》といいます。仲をとりもつ人という意味です。

しかし、近年は恋愛結婚が多くなったり、結婚を希望する男女が仲人を介さずに結婚相談所など、サービス提供業者の仲介によって対面することも増えているようです。お見合いの場所も、気兼ねなく話し合えるホテルのラウンジやレストラン、料亭などが一般的です。

お見合いの日時は男女双方の都合を聞いた上で仲人が決めますが、基本的には休日の午後のティータイムが多いようです。お見合いの結果は、一週間以内を目安に返事をしましょう。見合い当日は帰宅したら、まず仲人にお礼の電話をすることが礼儀です。

断る場合はストレートな表現を避け、相手をたて、差し障りのない理由で伝えることが無難です。もちろん、預かった履歴書などはきちんと返却するのがマナー。お見合いの仲介を依頼するときは親戚、知人、会社の上司、先輩、恩師などにお願いするのが一般的で、その場合、メールなどではなく、本人が出向いた上で直接依頼するのが作法です。

当然のことですが、お見合いの当日は遅刻厳禁です。少なくとも十五分前にはお見合いの場へ到着しておきましょう。お見合いの席次は仲人の指示に従い、自分勝手に座らないこと。お見合いの費用負担は男女双方で折半するのが一般的です。お見合いには特別なマナーなどはありませんが、次の点に注意しましょう。

①馴れ馴れしい話し方ではなく、節度を持った敬語を使うこと。②喫煙は控えること。③携帯の電源は切っておくこと。④自分や身内の自慢話はしないこと。⑤過去の恋愛についての話題は避けること。⑥相手の収入や学歴にかかわることはダイレクトに聞かないこと。（これは事前に仲人から聞かされていることが多い）

仲人と媒酌人

仲人《なこうど》は縁談から結納、結婚式までの両家の間をとりもち、まとめ役をしてくれる人です。媒酌人《ばいしゃくにん》は一般的に結婚式当日の立ち会いをしてくれる人のことをいいます。媒酌人を仲人とよぶこともあります。本来、仲人の役割は見合いの仲介をし、結納から挙式、披露宴まですべて取り仕切るのが習わしでした。

しかし、恋愛結婚が普通となってきた今では、形式的に仲人をつとめる「頼まれ仲人」が多くなっています。仲人の区別からいうと、頼まれ仲人を「下仲人《したなこうど》」といい、縁談から挙式まですべての世話をする仲人を「本仲人《ほんなこうど》」と呼ぶこともあります。媒酌人は主に上司や恩師に依頼することが多いようですが、媒酌人を仲人（縁談を進めてくれた人）以外の方にお願いする場合は、仲人にひとこと挨拶しておくことが礼儀です。もっとも最近では仲人を立てずに結婚式を行うケースも多くなっています。

媒酌人が決まったら、まずは電話か手紙でお礼をいいます。その後、二人で自宅を訪ねて正式にお願いします。親が同席することもあります。その際、改めて二人の経歴、性格、なれそめなどを話して、媒酌人の新郎新婦紹介スピーチの参考にしてもらいます。出身地、出身校、

会社名、人の名前の読み方ははっきりと伝えましょう。
依頼時期は早いほうがよく、結納や両家顔合わせの二、三カ月前ぐらいには依頼しておきたいものです。媒酌人は結婚式の打ち合わせに全部出るわけではないので、披露宴にはどのような友人、会社の関係者が出席するのか、披露宴をどのような雰囲気にしたいかなど、肝心なことを報告・相談しておくとよいでしょう。
媒酌人へのお礼は、挙式の数日後に両家の親が媒酌人宅へうかがうのが正式ですが、二人で直接訪問してお礼の挨拶をしてもかまいません。その際、謝礼は媒酌人からいただいたご祝儀の倍返し＋「御車代」一万円が一般的な金額といわれています。

結納

結納《ゆいのう》とは、結んで納めるという字の通り、両家が親類となって「結」びついたことを祝い、贈り物を「納」め合うことをいいます。結納のしきたりや行い方は、地域によって異なりますが、基本的には男性の側から女性の側へ、結納の品を納め、女性の側からは結納返し（記念品）を渡します。その時期は、地域によって違いますが、結婚式の三〜六カ月前に行うのが通例です。また、結納で婿側が嫁になる側に金品を贈るのは、嫁入り道具の見返りという意味もあります。

贈る物は帯や着物などに縁起物を添えて贈りますが、現在では帯や着物の代わりに結納金を贈ることが多くなっています。結納は通常、公の場で行われることではなく、両家の間の私的な儀式で、結納によって結婚の約束を正式に交わすことになります。服装は男性はダークスーツ、女性はスーツ、ワンピースが無難なところです。

結納は「正式結納」と「略式結納」の二つのスタイルがあります。正式結納は仲人が両家を往復して結納品（目録）や結納金を届けるスタイル。略式結納は両家のどちらかの家で、あるいはホテル、料亭などに一同が会して結納を交わすスタイルです。

最近では仲人を立てずに、両家の親が出席して、結納品の交換と食事会をする略式スタイルが多くなっています。記念品として婚約指輪を贈るかたちもあり、さらには形式にとらわれず親しい人たちとパーティを開き、そこで婚約を発表するというカップルもいます。

要は結納はこれから結婚する二人の末永い幸せを祈り、両家が縁組をするための儀式です。あまり堅苦しく考えずに、結婚式や披露宴の場所や日取り、内容などについて両家でよく相談する機会にするのがいいのではないでしょうか。

結納の九品目

結納の品目は地域によって七品目だったり、五品目だったりしますが、正式には九品目です。

結納品の飾り方は、関東では結納品一式を横長の白木の台にのせ、結納式では台ごと移動します。関西では、九品目をそれぞれ別の台にのせて飾り、結納式では移動させず、目録だけを相手方に渡します。

九品目（関東式）

①目録（もくろく）
②長熨斗（ながのし）
③金包（かねつつみ）
④松魚節・勝男武士（かつおぶし）
⑤寿留米（するめ）
⑥子生婦（こんぶ）
⑦末広（すえひろ）
⑧友志良賀（ともしらが）
⑨家内喜多留・柳樽（やなぎだる）

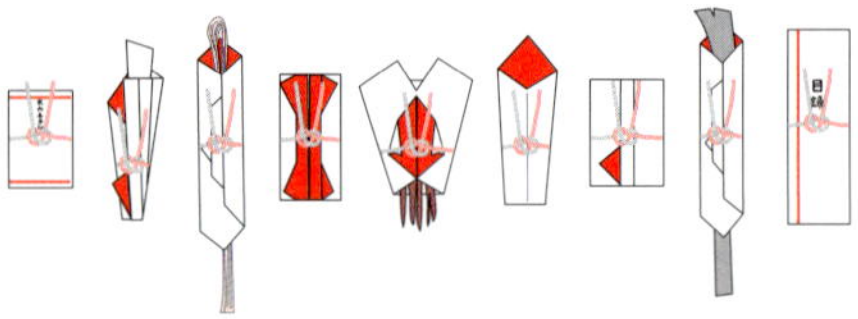

九品目（関西式）

①松〈帯地料〉
②竹〈家内喜多留料〉
③梅〈松魚料〉
④熨斗（あわび）〈鶴飾り〉
⑤高砂（たかさご）〈人形〉
⑥末広（すえひろ）〈亀飾り〉
⑦寿留米（するめ）〈指輪〉
⑧結美和（ゆびわ）
⑨子生婦（こんぶ）

結婚式

結婚式は婚姻を成立させるため、もしくは確認するための儀式です。結婚式の様式は地域によっても違いますが、大きく分けると、神前式と仏前式、キリスト教式の三つがあります。

神前結婚式の場合は係員の先導で新郎新婦、媒酌人、新郎両親、新婦両親、新郎親族、新婦親族の順に入場します。神殿に向かって右が新郎側、左が新婦側です。その後斎主《さいしゅ》（神主）が入場し、斎主の拝礼に合わせて一同が起立して修祓《しゅうばつ》（お祓《はら》い）の儀となります。

斎主は幣帛《へいはく》を振り、それに対して参列者は軽く頭を下げて、そのお祓いを受け、済んだら神前に一礼、続いて斎主が二人の結婚を神に告げる祝詞《のりと》奏上が行われます。その後、三々九度の杯を交わし、新郎新婦の誓いの言葉、玉串奉奠《ほうてん》、指輪交換と続きます。

これが神前結婚式のしきたりでもともとは神社で行われていたのですが、今ではホテルやレストランなどの商業施設で行われることも多くなっています。これらの施設には神社や寺院、キリスト教会の出張先としての設備が用意され、主に両家の親族が入って執り行われています。

そのほか、近年では親族や友人など身近な人たちを招待し、パーティー形式の結婚式を行うケースもあります。

人前結婚式

キリスト教式結婚式

仏前結婚式

神前結婚式

三三九度

三三九度とは新郎新婦がともにお神酒《みき》を飲み交わして契りを誓い合う神式独特の儀式のことで、三杯ずつ三度、杯のやりとりをすることから、「三献《さんこん》の儀」「誓杯《せいはい》の儀」「三三九献《こん》」「夫婦固めの杯」とも呼ばれています。この儀式はもともと中国から伝わったといわれ、室町時代には武士の出陣や接待宴席などで行われるようになりました。江戸時代には庶民にも広がり、婚礼の儀式の中でも行われるようになったといわれています。

三三九度は、神官が三段に重ねた杯（大中小）を乗せた三方《さんぽう》という台を新郎新婦の前まで運び、机の上におきます。まず、神官は一番上の小の杯（一の杯）を取り、新郎に渡します。次に巫女《みこ》がお銚子を三度傾け、三度目でお神酒を杯に注ぎます。新郎は杯を三度傾け、一度目、二度目は杯に口をつけるだけにし、三度目でお神酒を飲み干します。その後、新婦も同様の手順で行います。

中の杯（二の杯）は逆に神官は新婦に杯を渡します。巫女は小杯と同様に三度に分けてお神酒を注ぎ、それを新婦は三度に分けて飲みます。その後、新郎も同様の手順で行います。

最後は大の杯（三の杯）を新郎に渡し、小杯と同じような手順で三三九度は終わります。このように新郎新婦は三杯ずつ三度、合計九回、杯のやり取りを繰り返すことによって、かたい絆を結ぶといわれています。

披露宴

結婚披露宴《ひろうえん》は新郎新婦のお披露目とともに、二人の幸せを、両家の親族とともに喜び、祝うものです。昔は披露宴といえば、新郎の自宅で行われたものですが、今では式場やホテル、レストランなどで行われるのが一般的です。

披露宴会場へ入るときは、入り口で出迎えの新郎新婦、媒酌人、両親に手短にお祝いの言葉を述べ、席次表に従って着席します。

一般的な披露宴の進行は花嫁花婿の入場から始まります。次に司会者が「開宴の辞」を述べ、簡単な挨拶をします。そして媒酌人挨拶、主賓祝辞、ウエディングケーキ入刀、乾杯の音頭と続き、食事、歓談になります。そのあとお色直し、スピーチ、余興、祝電披露、花束贈呈（花婿は花嫁の父母へ、花嫁は、花婿の父母へ花束を贈る）、親族代表謝辞と続き、お開き、参列者退場となります。

食事しながらスピーチを聞く場合、自分と同席の人が話している間は、食事の手を休めるのが礼儀です。また、自分がスピーチする場合、長話はせず、せいぜい三分以内を心がけたいものです。話すのが苦手な人は、あらかじめ原稿を書いて読む練習をしておくといいでしょう。

引出物

引出物《ひきでもの》とは、お祝いのお裾分《すそわ》けと、宴席に出てくれたことへの感謝の意を込めて主催者が招待者へ贈る品物のことをいいます。結婚披露宴では、引菓子と一緒に持ち帰っていただきます。引菓子を含めて二、三品が一般的で、包装の飾りには表書きに「寿」の文字を入れ、紅白ないし金銀の水引をかけます。これに新郎新婦二人の名前を書き入れます。

引出物の由来は平安時代に遡《さかのぼ》ります。当時、招待したお客にお土産として馬や犬、着物を贈るという習慣がありました。「引出物」と呼ぶようになったのも馬を庭に引き出して贈ったことからといわれています。また、「引き」は長く続くという意味の縁起のよい言葉で、「出したものを懐に引っ込めていただく」という意味が転じて「引出物」になったともいわれています。

鎌倉時代の武家では刀剣や弓矢なども引出物になり、さらに砂金・銭・鶴・鯉・茶・昆布などの品々も贈られるようになりました。江戸時代になると、庶民の間にも広まり鰹節《かつおぶし》や焼いた鯛なども縁起のよい「引出物」として人気を集めたようです。

今、引出物で喜ばれるのは実用性のあるもの、たとえば食器、時計、花瓶などのインテリア用品などのようです。食品では調味料、酒、菓子、コーヒーなどが多いようですが、かさばる物や重い物はさけたほうがよいでしょう。最近では、もらった側が自由に選べるカタログギフトも多くなっているようです。

結婚報告

結婚式に招待状を出したが、都合がつかずに欠席した人や結婚式や披露宴に招待できなかった人に対し、結婚した報告をしておくことが大切です。

結婚式が滞りなく終わったことへの感謝と、これからのおつきあいを願うという気持ちを込めた手紙がふさわしいと思います。いつ、どこで結婚式をあげたのかを書き、どんな家庭を築きたいかなど新しい生活への抱負を披瀝《ひれき》してもいいでしょう。

この結婚報告の手紙はできるだけ早めに出したいものです。遅くとも挙式から一〜二カ月以内に出すようにしましょう。「お近くにおいでの際には、ぜひ一度、お立ち寄りください」と一筆書き添えると心が伝わります。出席できなかったけれども、お祝いをいただいた人には「内祝い」を贈ります。内祝いは挙式後、やはり一〜二カ月以内に届くようにしたいものです。内祝いの品物の金額は大体、お祝いの半額程度が通例です。最近では、商品券などを利用する人も多いようです。

また祝電を送ってくれた人には、新婚旅行の二人のスナップ写真などを添えて、礼状を出すと喜ばれるようです。

結婚しました
私共の結婚に際しましては皆様にかずかずのご配慮
をたまわり厚く御礼申し上げます
何分にも未熟な二人で
ますが今後
佐藤　一郎
123-456　松谷
Happy Wedding
まだまだ未熟な私たちですが　助け合いながら温かい
家庭を築き上げていきたいと思います
今後ともよろしくお願いします。
山田　太郎・花子
116-0022　白鳥町 10-39-108
結婚しました
何分にも未熟な二人でございますが
今後ともよろしくご指導ご鞭撻下さ
いますようお願い申し上げます。
鈴木　元・桜
123-456　高山市春先町 77-76-75

里帰り

里帰りとは嫁が結婚後、婿を連れて初めて実家に帰ることをいいます。結婚してから三日目か五日目に帰ることが多いようです。たいてい、一回限りですが、これを短期間に何度も行う地域があります。

これは、婿が嫁を嫁の実家まで送り、自分は家に帰り、嫁は自分の実家に一泊して翌日、嫁の母が娘を婿のいる婚家に送り届けるという風習からきているといわれています。

この里帰りは花嫁が婿方に所属したことを改めて示す意味もあります。昔は婚姻成立の祝いをしたあと嫁は実家に帰り、婿が泊まりに通う「足入れ婚」「妻問《つまど》い婚」のかたちを一定期間とったのち、嫁が婿方の家に移ることが多かったといわれていますが、里帰りは、この風習の名残と考えられます。

里帰りで持参するものは、酒や食べものなどが一般的です。嫁方の両親をはじめ近親者たちと酒を酌み交わし、親交を深めるという意味から、「里開き」とも「里披露」とも呼ばれています。嫁を早く地域になじませるための知恵といっていいでしょう。

第6章　手紙と賀状のしきたり

年賀状と寒中見舞い

年賀状は葉書や手紙を用いた新年の挨拶状のことをいいます。先輩や上司、親しい友人、知人へ旧年中の厚誼《こうぎ》に対する感謝の気持ちを伝えるとともに新年の祝賀を述べることが基本です。もともと日本には元日、上司や目上の人などの家を訪問し、新年の挨拶をするしきたりがありました。しかし、年賀に行けない人は年賀の挨拶を手紙で書くようになりました。これが今日の年賀状の習わしとなったといわれています。特に、ご無沙汰している人に対して年に一度、年賀状を送ることは交流を深めるのに役立っているのではないでしょうか。

年賀状に用いる新年を祝う語句を「賀詞《がし》」と呼びます。「迎春」や「賀正」などはよく使われますが、やや軽いあいさつとなるので、目上の方へのあいさつとしては「謹賀新年」や「謹んで新年のお慶びを申し上げます」といった言葉を使うのが無難です。

年賀状を書くポイントは何かひとこと、心のこもった言葉を添えることだと思います。また、出していない人から年賀状が届いたら、すぐに返礼の賀状を出すことが大切です。遅くとも松の内（七日まで）に出しましょう。また、賀状の日付けを「一月元旦」と書いているのを見かけますが、元旦は一月一日の朝のことなので、元旦を入れる場合は、「一月」は不要です。また、

「元旦」を使う場合は、一月一日に配達されるよう、早めに投函することをおすすめします。

年賀状を出しそびれてしまった場合、あるいは相手が喪中で年賀状を出せない場合などは、その代わりに「寒中見舞い」を出します。また自分が喪中の場合、必ず挨拶状を出しておきましょう。喪中の挨拶状を出さなかった方から年賀状が届いた場合も年賀状のお礼と欠礼の理由、不届きのお詫びを「寒中見舞い」で出します。寒中見舞いは一月十日ごろから立春（二月四日ごろ）までに届くように出すのがマナーです。

暑中見舞いと残暑見舞い

現在では「暑中見舞い」「残暑見舞い」は、猛暑期に相手の健康を気遣う便りを出し、お互いの近況を報告しあう、夏季の挨拶状になっていますが、暑中見舞いの由来はお盆に里帰りする際、直接物品を持参して祖先の霊に捧げていたことによります。それが次第に日ごろお世話になっている方々への贈答という形式で一般化されてきたといわれています。この贈答の習わしは、お中元というかたちで受け継がれているといっていいでしょう。さらに郵便制度の発達により、年賀状と同様に簡素化され、手紙や葉書で交換するようになりました。

暑中見舞いは二十四節気の小暑（七月七日頃）から立秋（八月七日頃）までに送るのが通例です。

二十四節気の「大暑」の次の節気は「立秋」です。暦の上では秋ですが、暑さが残っているので「残暑」となります。残暑見舞いは立秋を過ぎてからの八月八日頃から九月六日頃までに届くように送るのが通例です。出していない人から暑中見舞い、残暑見舞いが届いたら、年賀状と同じように相手には必ず礼状を出しましょう。お礼のひとことを添え、近況などを簡潔に知らせるとたとえ葉書一枚でも立派なコミュニケーションになります。

暑中お見舞い申し上げます。
厳しい暑さが続いておりますが、
いかがお過ごしでございましょうか？
私たちも暑さに負けず、元気に
やっています。
暑さが厳しいおり、くれぐれも
ご自愛のほどお祈り申し上げます。
い申し上げます
残暑お見舞い申し上げます
残暑お見舞い申し上げます
立秋とはいえ、連日の猛暑にいささ
か参っておりますが、
皆様はいかが
お過ごしでしょうか。
残暑厳しき折、どうぞ
ご自愛くださいますよう
お願い申し上げます。
残暑お見舞い申し上げます
立秋とは名ばかりの厳しい暑さが続いております
が、いかがお過ごしでしょうか。

手紙の表書きと裏書きの基本

手紙の相手の住所を縦書きする場合、郵便番号の右端よりも内側になるように書きます。文字の大きさは宛名の文字よりも小さくし、番地の数字部分は漢数字で書くのが一般的です。住所が一行におさまらない場合は改行してもかまいません。住所や番地のキリのよいところで改行します。二行目の書き出しは一行目の書き出しよりも下から始まるようにします。宛名は中央に大きく書きます。縦の長さは全体のバランスを考えて配置します。

個人の敬称語は現代ではほとんど「様」で、相手が目上、同輩、目下、男女に関係なく使います。「殿」は公文書やビジネス文などに用います。「御中」は会社や団体などに宛てる場合に使います。団体や部署の個人名を特定できないため使うもので、「○○課御中　△△△様」のように敬称語を重複させるのは誤りです。「各位」は相手が複数の人に出す場合に用い、たとえば「取引先各位」「同窓生各位」などとします。企業にあてる丁寧な手紙は（株）のように略字を使わず、「株式会社○○」のように書くのが正式とされています。

手紙の裏書きは縦書きの場合、名前は継ぎ目の上に書くのが基本です。しかし、書きにくい場合、継ぎ目の右側に住所、左側に氏名を書きます。いずれも表書きより小さい文字で書いたほうがよいでしょう。封をした際は「〆」「封」などと書きますが、古くからの習わしは「〆」が一般的です。封をするときはセロハンテープやホッチキスで止めるのはよくありません。

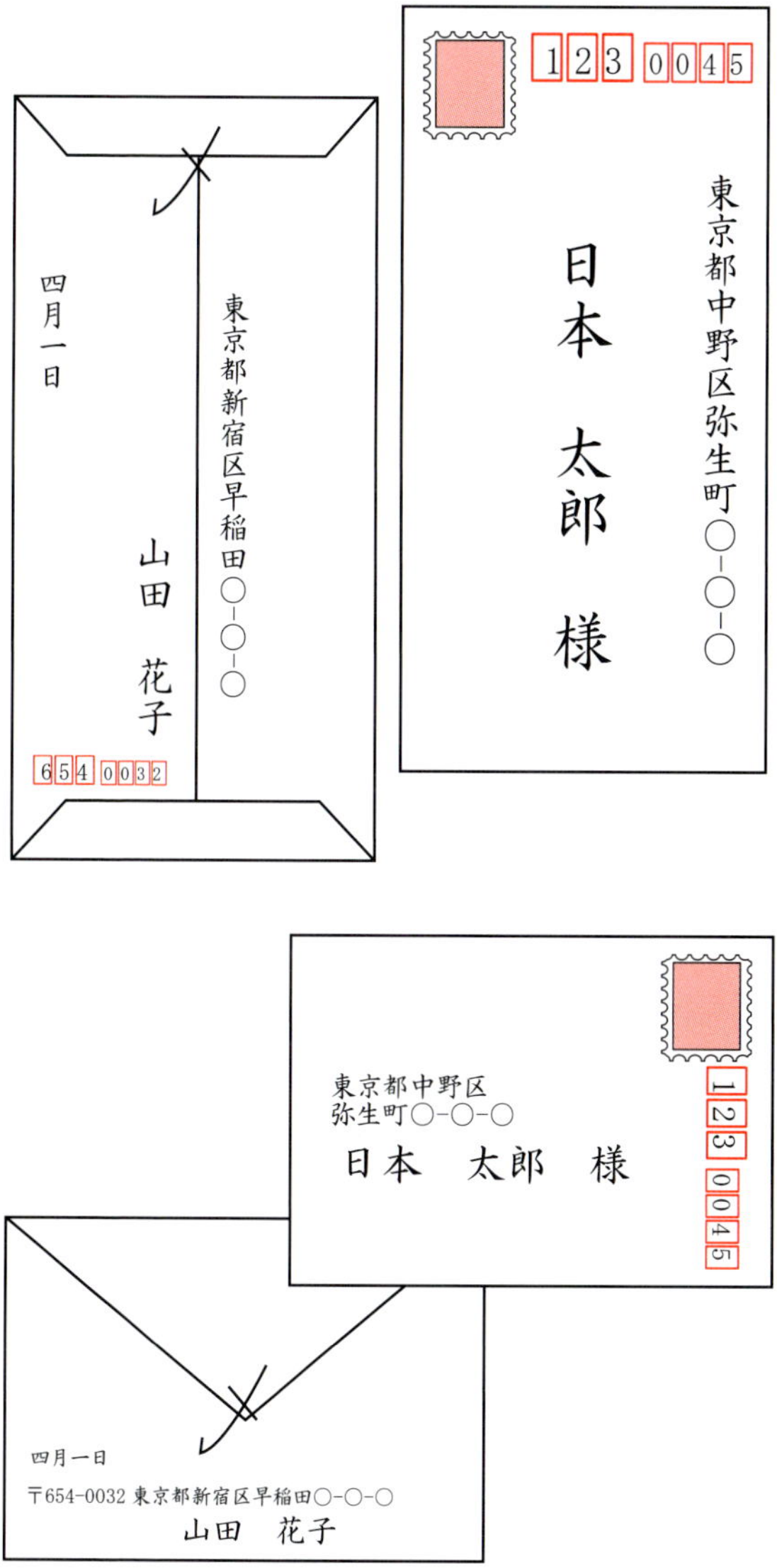

頭語と結語

頭語とは、手紙や葉書などの文章の冒頭に用いる「拝啓」や「前略」などの言葉をいいます。いきなり本文に入るのを避けて、普段の会話で「こんにちは」と言葉を交わすように、「拝啓」といった表現を用いて本文に入ります。頭語は一行目の一番上から書きます。

結語とは、結びに用いる「敬具」や「敬白」などの言葉をいいます。「さようなら」や「それではまた」の意味があります。結語は文章の終わった行の末に書きますが、末に入らない場合は改行し、末尾より一字分ほど上で終わるように書くのが通例です。

頭語と結語は相手との関係によっても、使い分けますが、「拝啓」で始めて、「敬具」で締めるように組み合わせて用いるのが一般的です。「拝啓」の「拝」は「つつしんで」、「啓」は「申しあげる」という意味で、「敬具」の「敬」は「つつしんで」、「具」は「申しあげました」という意味があるので、「慎んで申しあげた」という結びになります。

相手が媒酌人や恩師など目上の場合は、頭語に「謹啓」を、結語に「敬白」をもってくると、より一層丁寧な表現になります。お礼状も「謹啓」を用いたほうがよいと思います。相手に対する敬意をより強く表します。

親しい相手に書く手紙の場合は、頭語や結語を省略して時候の挨拶や安否の挨拶から書き始めたほうが硬くならず、心に伝わる場合もあります。その場合、頭語を「前略」などと書き、結語を「草々」などで結びます。「草々」とは「ぞんざいな走り書きで、失礼します」という意味です。

女性の手紙の場合は「一筆申し上げます」というような頭語で書き始め、「かしこ」で終わるのが基本的な表現です。「かしこ」とは「恐れ多い」ということで「これで失礼します」という意味です。

なお、年賀状、寒中見舞い、暑中見舞いなどの季節の挨拶、お見舞いには、頭語と結語は不要で、弔事の手紙などは、頭語は省きますが、「敬白」などの結語は使ってもいいとされています。

時候の挨拶

日本人は季節の移り変わりに敏感で、手紙やはがきは季節の変化や、寒暖を表す「時候の挨拶」で始めるのが習わしとなっています。その言葉は頭語のあとにくるのがルールです。しかし、時候の挨拶は旧暦の月の呼称や中国の二十四節気に基づいているため、日本の季節とは多少ズレがあります。たとえば、猛暑の日が続いていても、八月は「残暑の候」と書きます。

また、時候の挨拶で使われている言葉そのものが現代に通用しないものも少なくありません。一月の手紙などに書く「頌春《しょうしゅん》」は、春を讃えるという意味ですが、今では手紙以外でほとんど使われていません。また三月の時候の挨拶である、冬ごもりをしていた虫たちが地上に出てきて活動を始めるという「啓蟄《けいちつ》」もあまり使われなくなっています。「早春の候」を使ったほうがわかりやすいかもしれません。

時候の挨拶には月ごとの慣用句もあります。たとえば、四月なら「陽春の候」、五月なら「新緑の候」、六月なら「梅雨の候」というようなものです。しかし、こうした慣用句にとらわれることなく、自分なりの表現で季節感をうまく表現して相手に伝えることも大事です。特に親しい方への手紙には自由な表現を用いたほうが、親近感があってよいでしょう。

時候の挨拶一覧表（慣用句）

一月	新春の候	厳寒の候	厳冬の候	大寒の候	酷寒の候
二月	立春の候	早春の候	余寒の候	晩冬の候	春寒の候
三月	早春の候	春暖の候	春分の候	浅春の候	
四月	春暖の候	陽春の候	仲春の候	桜花の候	
五月	薫風の候	残春の候	惜春の候	新緑の候	初夏の候
六月	初夏の候	麦秋の候	入梅の候	桜桃の候	向暑の候
七月	盛夏の候	炎暑の候	大暑の候	酷暑の候	仲夏の候
八月	残暑の候	暮夏の候	晩夏の候	残夏の候	初秋の候
九月	初秋の候	新秋の候	清涼の候	新涼の候	爽秋の候
十月	秋冷の候	清秋の候	秋涼の候	錦秋の候	爽涼の候
十一月	晩秋の候	向寒の候	暮秋の候	寒気の候	初霜の候
十二月	初冬の候	師走の候	霜寒の候	寒冷の候	歳末の候

お礼状

結婚や出産、入学、就職などでお祝いの金品をもらった場合や、病気、災害等でお見舞いの金品をもらったり、お見舞いに来てもらったとき、あるいはお中元、お歳暮、旅行土産などの贈答品をもらった場合などは、それが届いた日か翌日にお礼状を書くのがマナーです。ただし、病気見舞などは退院したときに出すか、しばらくたって近況を知らせるかたちがいいでしょう。なお、弔意に対するお礼状だけは、四十九日の忌明《きあ》け以降とされています。

お礼状を書くとき、まず大切なことは相手への感謝の気持ちを表わすことです。もちろん、礼状の書き方には例文などはありますが、やはり心のこもった礼状を書くことが大事です。

お礼状を出すとき、葉書で出すか、封筒に包んでその中にお礼状を書いて送るか、迷うことがあると思います。もちろん、封書のほうが丁寧だと思いますが、葉書で出してもかまいません。

ごく親しい人からお祝いやお見舞いをいただいた場合には、電話やEメールでお礼をのべるということでもよいかもしれませんが、基本はやはり葉書や手紙で出すほうがいいと思います。夫の代わりに妻が書く場合、あくまでも夫の立場で文章を書き、差出人は夫の名前を書き、その左下に内と書きます。

手紙で避けたい言葉

日本は昔から手紙の中で「忌《い》み言葉」を避けてきました。忌み言葉とは、不吉な状況を連想させる言葉のことです。たとえば、結婚祝いの場合、手紙には「別れる」「離れる」「割れる」「終わる」「苦しむ」「短い」などという忌み言葉は避けてきました。挨拶でも同じです。出産を祝う手紙では、「流れる」「失う」「破れる」「早い」「短い」などといった表現を使わないようにしてきました。たとえば、「月日の流れるのは早いもので……」などといった表現は避けたいものです。

長寿を祝う忌み言葉は「病む」「倒れる」「果てる」「散る」などで、新築や開店・開業祝いの忌み言葉は「倒れる」「つぶれる」「傾く」「錆びる」「火」などがあげられます。また、退院、全快祝いの手紙には「再び」「尽きる」「枯れる」の言葉は避けましょう。

入学、就職の忌み言葉は「変わる」「終わる」「負ける」「落ちる」「崩れる」などで、お見舞いの忌み言葉は「枯れる」「衰える」「続く」「消える」「度々」などです。また、お悔やみの忌み言葉は「重ね重ね」「近々」「再び」などの重ね言葉があげられます。

慶事と弔事の際の手紙は、いっそう言葉に気をつけて出したいものです。

お茶

さまざまな書状（督促状、詫び状・断り状）

私達が暮らしていくうえで、さまざまな書状を書かなければならないときがあります。その中でも督促状や詫び状、断り状などは書きにくいものです。

書きにくい面があっても、速やかに書いて、相手に正直な気持ちを届けることが何よりも大切です。たとえば、貸したお金の返済が滞っている相手に督促状を書く場合、最初から返済の遅れを責める表現は避け、こちらの事情を説明し、返済してくれるよう促します。

相手に対しこちらが謝罪しなければならないときの詫び状は、時候の挨拶を避け、こちらの非を詫びる言葉から書き出し、心の底から反省していることを伝えることが肝心です。

断り状についても丁寧な書き方が基本です。たとえば、銀行融資の連帯保証人を依頼されたにもかかわらず断る場合、「お世話になる一方でお役に立てず、申し訳ありません」というような言葉を添えるようにしましょう。長くおつきあいをしていくためには、こうした配慮が大切です。

第7章　葬式、法事のしきたりと作法

末期の水、死装束、北枕

医師から臨終の宣告を受けると、亡くなった人に対して家族や近親者は一人ずつ水を与えます。これを「末期《まつご》の水《みず》」といいます。冥途《めいど》への旅立ちの際に行われる習わしで仏教では「死に水」といい、故人との別れの儀式です。

割り箸の先に脱脂綿やガーゼを白い糸でくくり、茶碗の水に浸して故人の唇を濡らします。割り箸は直接、畳の上に置かないようにし、お盆に載せるか、小さなテーブルの上に載せます。末期の水を取る順番は配偶者→子ども→親→兄弟→その他血縁の濃い順になります。

末期の水が済むとアルコールかお湯で浸したガーゼなどで故人の身体を清めるための湯灌《ゆかん》を行い、目や口が開いていれば、そっと閉じます。湯灌の後は死化粧《しにげしょう》を施します。髪を整え、男性はヒゲを剃り、女性はうっすらとお化粧をします。最近は専門の職業の人がいます。

死化粧が終わると、遺体に死装束《しにしょうぞく》を着せます。以前は白木綿《しらもめん》の帯を締め、頭には頭巾《ずきん》、手足には白の手甲《てっこう》、脚絆《きゃはん》、足袋《たび》を、胸には六文銭《ろくもんせん》が入った頭陀袋《ずだぶくろ》をかけ、手には杖を持たせます。これは仏教の考えにもとずくもので、三途の川を渡ったり、浄土に行くのに必要だと信じられているからです。最近は故人が愛用した浴衣や着物を着せることが多いようです。この場合、簡素化した経帷子《きょうかたびら》を遺体の上にかけ、やはり簡素化した頭巾や頭陀袋、足袋などを遺体のそばに添えておきます。

遺体は「北枕」といって頭を北へ向けて寝かせ、顔には白い布をかけ、屏風《びょうぶ》があれば、上下逆さに立てます。釈迦が涅槃《ねはん》（死去すること）の時、頭を北に、顔を西に向けて臥《ふ》したことから、この作法が生まれたといわれていますが、神式でも故人の頭を北へ向けます。

枕飾りは宗派によって形式は異なりますが、最も一般的なのは、故人の枕元に白布をかけた小机を置き、そこに香炉《こうろ》や燭台《しょくだい》をのせ花か樒《しきみ》の枝を供えます。

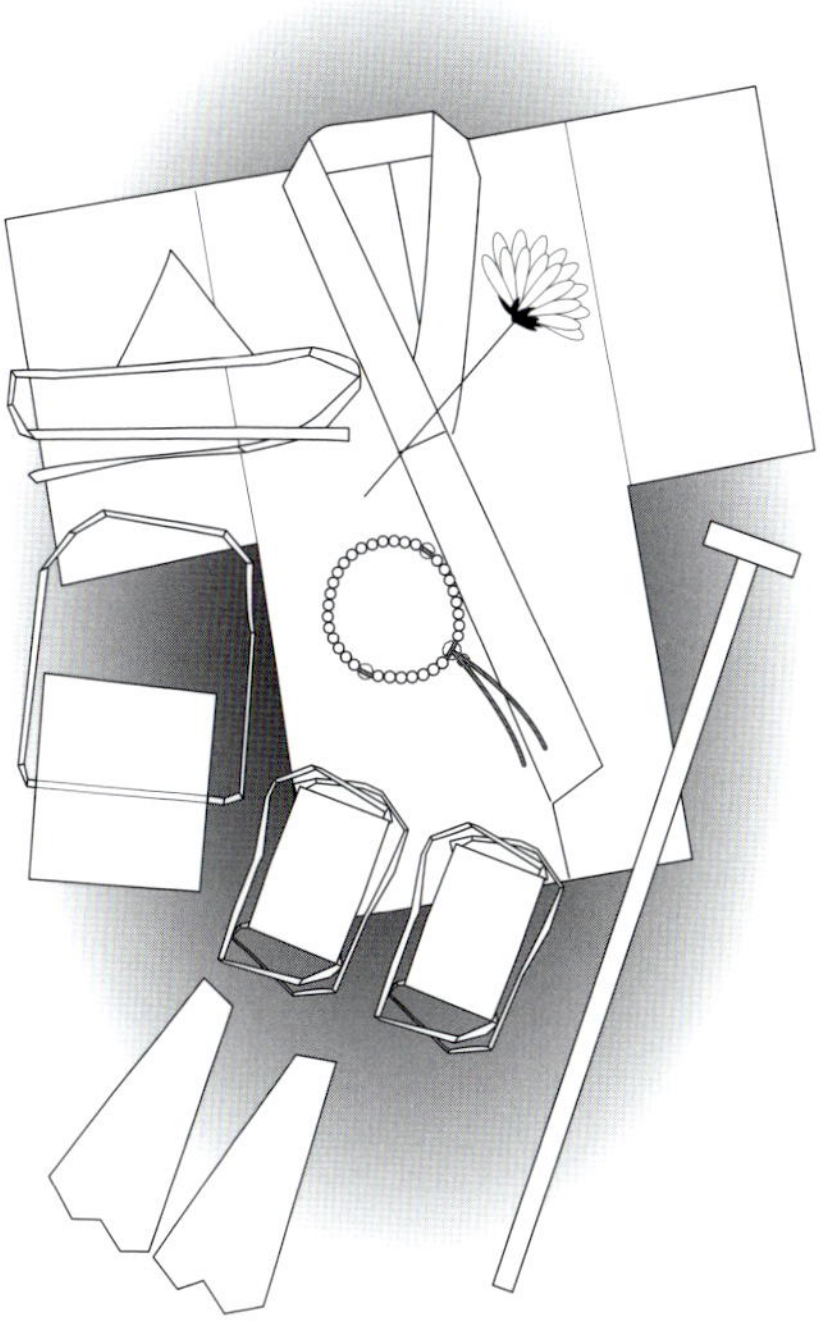

お通夜

お通夜《つや》とは遺族や親族、故人と直接親交のあった知人や友人が参列して、故人の冥福を祈る儀式のことをいいます。かつてのお通夜は、遺体を納棺せずに布団に寝かせたまま、遺族や親近者が夜通しロウソクと線香の火を絶やさないように見守っていたものです。しかし、最近はお通夜を迎える前に納棺し、遺体を祭壇に安置するのが一般的です。

お通夜が行われる時間は午後六時頃〜九時頃までで、弔問に伺うのは、始まる時間の十分くらい前に着くのがいいでしょう。受付では一礼して「このたびはご愁傷《しゅうしょう》さまです」などとお悔やみの言葉を手短に述べます。お通夜と告別式の両方に参列する場合、香典はお通夜の時に出し、告別式では記帳のみにします。

香典を出す際には、ふくさごと受付の台に置いて目の前で開けます。香典の向きを相手から見て正面になるようにして、両手で差し出します。式場では小声で言葉少なく話し、挨拶も目礼する程度にします。一般の弔問客は焼香を済ませ次第退席しますが、通夜ぶるまいに招かれたら、「酒は死のケガレを清める」という意味から少しでも箸をつけるのが礼儀です。ただし、長居はせずに、頃合いを見計らって帰るようにしましょう。

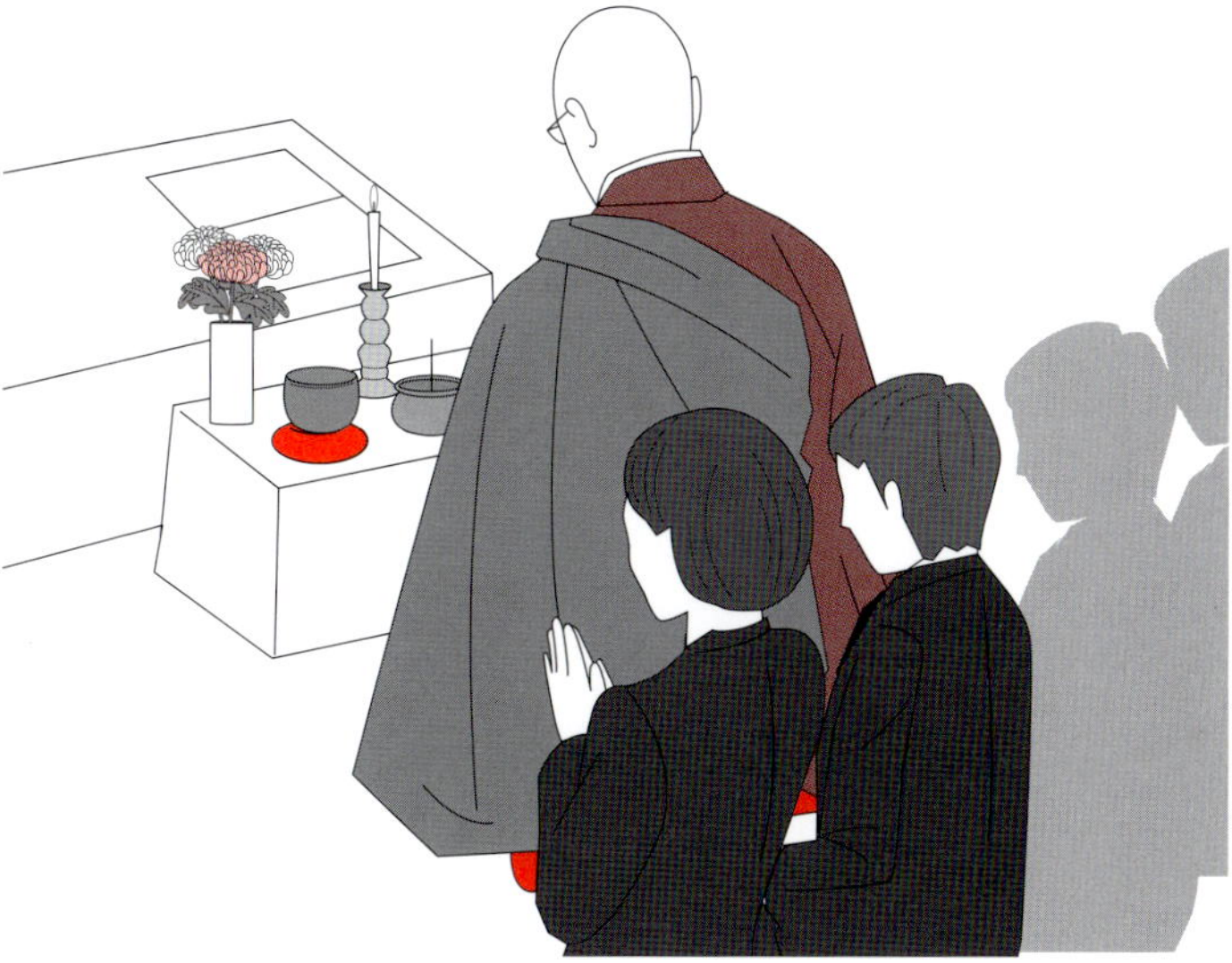

告別式（仏式）

葬儀は死者を弔《とむら》うもので、死去から埋葬までの儀式一式を指します。告別式は、故人との別れの儀式ですが、最近では葬儀と告別式を同義的にとらえています。葬儀、告別式に参列する場合、受付は開始十分前に済ませるようにしましょう。

会場に着いたら、荷物やコートは脱いで受付します。受付係の方に深く一礼し、「このたびはご愁傷《しゅうしょう》さまでございます」とひとこと、お悔やみの言葉を述べます。そして袱紗《ふくさ》に包んだ香典を取り出し、「ご霊前にお供えください」と差し出し、最後に芳名録に記帳します。

案内係に従って祭壇の部屋に入り、一礼、そして喪主、遺族に一礼して手短にお悔やみを述べて、係りの人がいない場合や、席順が決定していない時は前の人に続いて座ります。祭壇の右側に喪家が着席、一般弔問客は祭壇に向かって左側の席になるのが一般的です。

仏式では、僧侶の読経《どきょう》が始まったら、遺族、近親者、一般参列者の順に焼香します。一般参列者は喪主の挨拶が終わり次第、退席するのが通例です。

出棺《しゅっかん》は一般参列者にとって故人を見送る最後の儀式になります。焼香が済んだら早々に式場を後にする人もいますが、出棺はできる限り見送るようにしましょう。一般会葬者は外で待ちますが、寒い時期はコートを着ていてもかまいませんが、出棺時には脱ぎます。

棺が運び出され霊柩車に乗せられた後、遺族の挨拶があり、霊柩車を見送る時は合掌をします。

告別式（神式、キリスト教式）

仏式の葬儀は故人の成仏や冥福を祈りますが、神式は故人の霊をその家にとどめて、家の守護神になってもらうための儀式です。

香典袋は「御神饌料《ごしんせんりょう》」「御玉串料《おたまぐしりょう》」などと書きます。仏式では霊前で焼香を行いますが、神式では行いません。その代わり、玉串奉奠《たまぐしほうてん》を行います。玉串とは榊《さかき》の枝に紙垂《しで》を付けたものをいいます。仏式でいう戒名にあたるのは、故人の生前の名前のあとに、諡《おくりな》をつけたものをいい、成人男性は「大人命《うしのみこと》」、成人女性は「刀命《とじのみこと》」などが一般的な諡号《しごう》です。

神式の葬儀は、葬儀場に忌《い》み竹を立て、注連縄《しめなわ》を張り、参列者は斎場に入る前に手を浄め、口をすすぎます。次に神官が祭祀《さいし》を奏上し、遺族は玉串を持って拝礼します。この時、玉串は右手で上から枝の根元をつまみ、左手で下から葉を支えます。そのままの形で神前へ進み、玉串を台に置きます。その後、二拝、二拍子、一拝して、元の席に戻ります。

キリスト教の葬儀は、故人を神の手にゆだねる祈りと神を讃える祈り、そして遺族への慰めを込めて行われ、焼香ではなく、献花を行います。献花の手順は花の部分が右手側になるように両手で受け取ります。献花台に進んで一礼し、茎の部分が霊前に向くようにします。右手と左手を持ち替え、そっと献花台に置きます。手を組み合わせて、顔をやや下げ、黙祷します。

キリスト教式の葬儀では生花以外は贈らないのがマナーで、とくに教会は、造花を飾りません。

戒名、位牌、塔婆

仏教の戒名《かいみょう》は死者に贈られる名前のように考えられていますが、本来は戒律を守り、仏弟子となった証《あかし》としてつけるものです。しかし、宗派によっては戒名といわず、「法名《ほうみょう》」「法号《ほうごう》」「法諱《ほうき》」といっているところもあります。

戒名は生前に授かるものですが、現在は亡くなってから遺族が寺に依頼し、お通夜の前に授かることがほとんどのようです。戒名はどんなに身分の高い人でも二文字で表されます。仏の世界は平等であるといわれているからです。宗派によってこれに院号や居士《こじ》をつけます。

神式の場合、戒名はなく、葬儀では霊璽《れいじ》（仏教の位牌に当たる）に霊号を書きます。霊号は姓名の下に「○○○之霊」などと書かれます。また、生前の名前の下に男性は「命《みこと》」、女性は「姫命《ひめのみこと》」とつけられます。キリスト教式の場合も戒名はありません。キリスト教では洗礼を受ける場合にクリスチャンネームを授かります。

位牌《いはい》とは故人の霊を祀《まつ》るため、戒名を書いて仏壇やお寺の位牌壇に安置する牌のことをいいます。後漢時代に中国の儒教が、官位や姓名を板に記して祀《まつ》ったことから始まったといわれています。日本では鎌倉時代に寺院では用いられましたが、一般家庭で用いられるようになったのは、江戸時代以降になってからです。

葬式の際、戒名を白木に墨書したものを祀《まつ》りますが、四十九日の忌明けや一周忌、三回忌には漆《うるし》塗《ぬ》りや金箔《きんぱく》塗《ぬ》りなどの位牌に替えるしきたりがあります。

塔婆《とうば》とは年忌法要などに用いられる板塔婆のことをいい、故人の冥福を祈るために立てられます。昔、釈迦が入《にゅう》滅《めつ》したあと、その遺骨を納めたところに塔（ストゥーパ）を建てて供養したのが始まりとされています。塔婆の数は故人一人に一本ですが、複数立ててもかまいません。

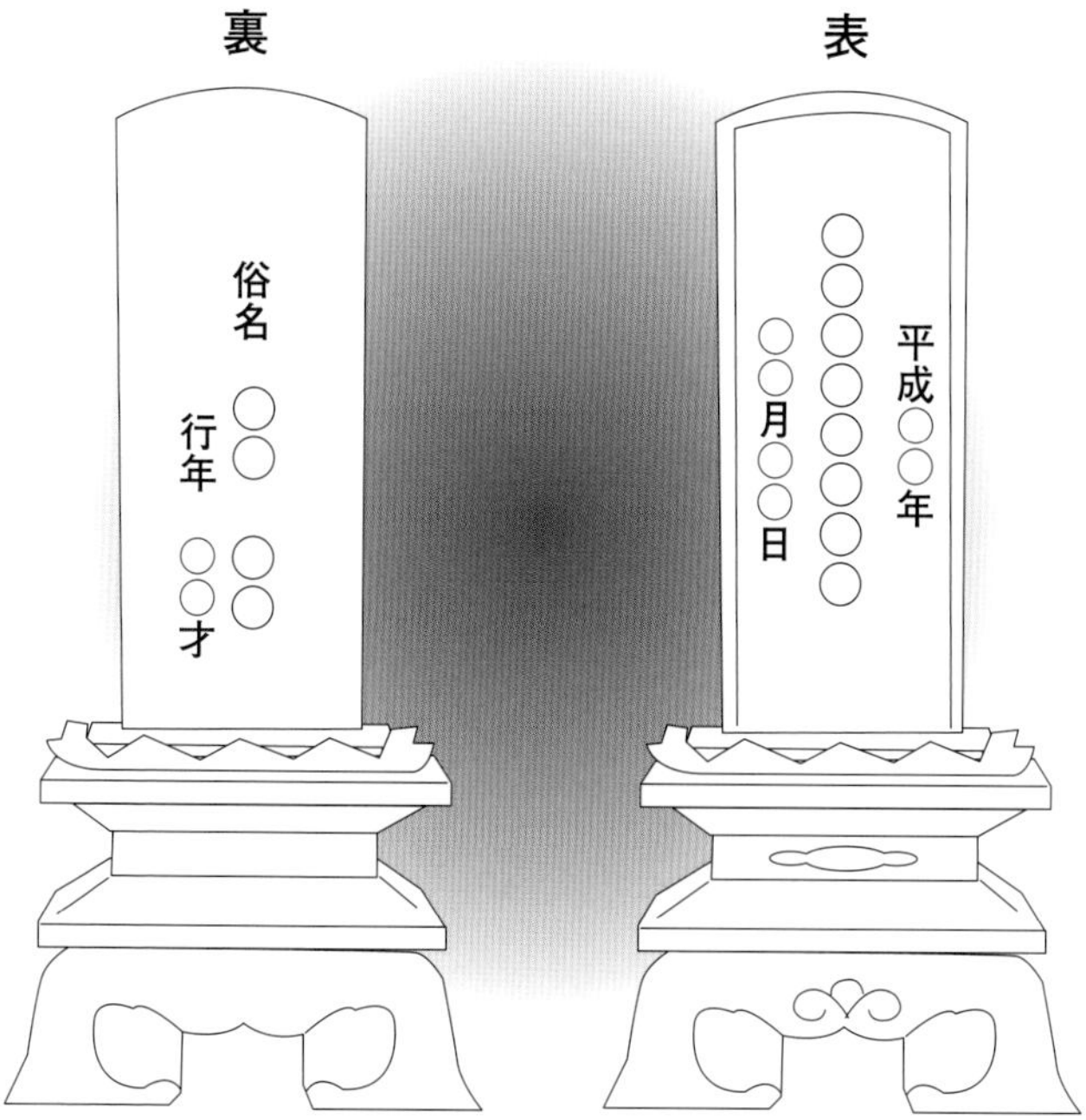

弔電、弔辞

弔電《ちょうでん》とは訃報を受けたにもかかわらず、どうしてもお通夜や告別式に参列できない人が、喪主、遺族に対して電報でお悔やみの言葉を送ることです。

電報は葬儀の前日までに届くようにするのが通例です。訃報の知らせが遅かった場合でも最低、葬儀開始数時間前までには届くように心がけましょう。

故人が生前、お世話になった人であったり、親しい方であった場合、たとえ弔電を送ったとしても後日、遺族を弔問したり、弔意の手紙を送ったりするのが礼儀です。弔電の宛先（宛名）は、喪主が基本ですが、喪主名がわからないときは、「ご遺族様」でもかまいません。弔電の差出人名は会社関係なのか、学友なのかなど、故人との関係がわかるように出し、住所と電話番号も添えたいものです。

弔辞《ちょうじ》は告別式の時に故人と親しかった人が、故人を偲び、人柄や功績をたたえながら別れを惜しむ言葉を読み上げる文章のことです。最近は形式的な葬儀ではなく、「お別れ会」「偲ぶ会」といったものが多くなったために、「弔辞」という堅苦しい言葉でなく、「お別れの言葉」「追悼の言葉」などという言い方が多くなりました。

　正式な弔辞は、大判の奉書紙《ほうしょがみ》か巻紙《まきがみ》に毛筆で書きます。しかし、最近は便箋にペンで書き、白い封筒に入れるケースが増えています。弔辞の折り方は右から折ります。表書きは「弔辞」「弔詞」などと筆で書きます。

　内容はあまり長くならないよう、四百字原稿用紙で二枚〜三枚程度にまとめましょう。

　弔辞は故人を弔い送るのみでなく、故人の生前の業績をたたえ、人となりやエピソードを参列者たちに伝えるという一面もあります。弔辞は奉読後に祭壇に供え、最終的には遺族のもとで保存されます。

香典、香典返し

香典とは通夜や告別式に参列するとき持参する線香や花、金銭のことです。香典の表書きは仏式では「御香典」「御香料」「御霊前」などと書き、四十九日や回忌法要の時は「御仏前」と書くのが習わしとなっています。神式では「御神饌料《ごしんせんりょう》」「御玉串料《おたまぐしりょう》」、キリスト教式では「お花料」と書くのが一般的です。

中袋の表には包んだお金が五〇〇〇円なら、「金五千円」と漢数字で書き、「也《なり》」はつけません。裏側には住所と氏名を書きます。連名の場合は目上から順に右から左へ記入します。

表袋と中袋は別々に管理しますので、表袋に氏名を書いたとしても、中袋に再度記入します。袋に入れるお札は、新札を避けるのが通例です。

香典を贈られた遺族は、仏式の場合、四十九日の忌明《きあ》けの挨拶状とともに、香典返しの品物を送るのが慣例となっています。贈られた香典の半分、あるいは三分の一相当の金額の品物をお返しするのが一般的です。

この時の品物はお茶や海苔などが多いようですが、それは、使い切って後に残らないものという意味があります。

最近は「即日返し」も増えています。会葬者に一律の額の品物（一般には二千円から三千円）をお渡しするというものです。高額な香典をいただいた方には、後で改めて品物を贈るというケースもあります。

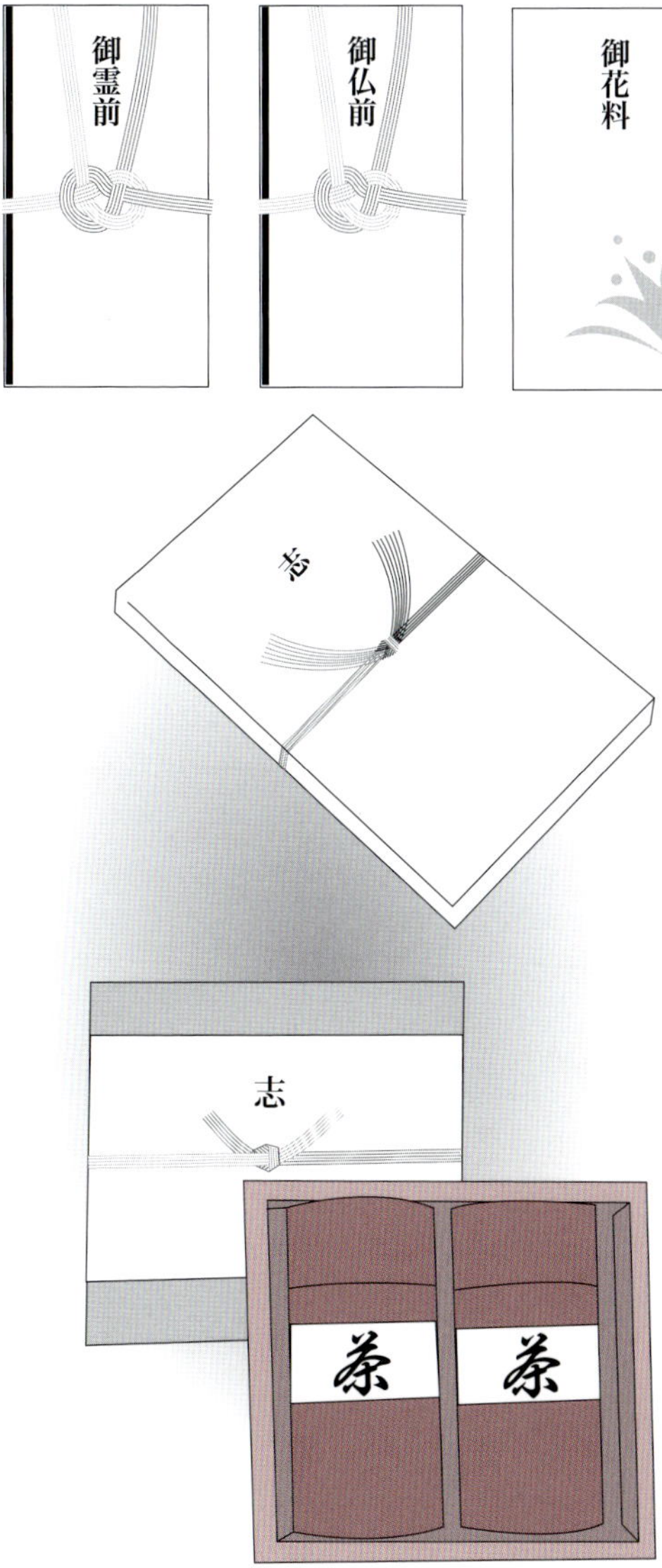

忌中と忌明け

忌中《きちゅう》とは、身内や近親者に死者が出たとき、死亡して間もない七日間、つまり初七日までのことをいいます。

仏式では「喪中《もちゅう》」は死後四十九日の喪明けまでとされています。この間、故人を偲んで、派手な生活を慎むことが通例です。

かつて、喪の期間中は、残された遺族はねんごろに供養し、忌明けまでは魚や肉などは食べない習わしになっていました。正月の門松や餅つきなども行わず喪に服していましたが、現在はこうした習わしはなくなってきています。

仏教では死亡した日から四十九日までは七日目ごとに忌日《きにち》があり、七日目ごとに故人を供養し、四十九日に忌み日が終わったとして「忌明《きあ》け」の法要が営まれてきました。現在は地域によっても違いますが、初七日《しょなぬか》、三十五日目の五七日《いつなぬか》、四十九日目の七七日《なななぬか》に行われます。

故人の死後四十九日目をもって忌明けとするのが仏式の習わしですが、地域によっては五七日忌（三十五日）に繰り上げて忌明けとするところもあります。神式では、五十日祭の翌日に行われる清祓《きよはら》いの儀をもって忌明けとしています。

忌中

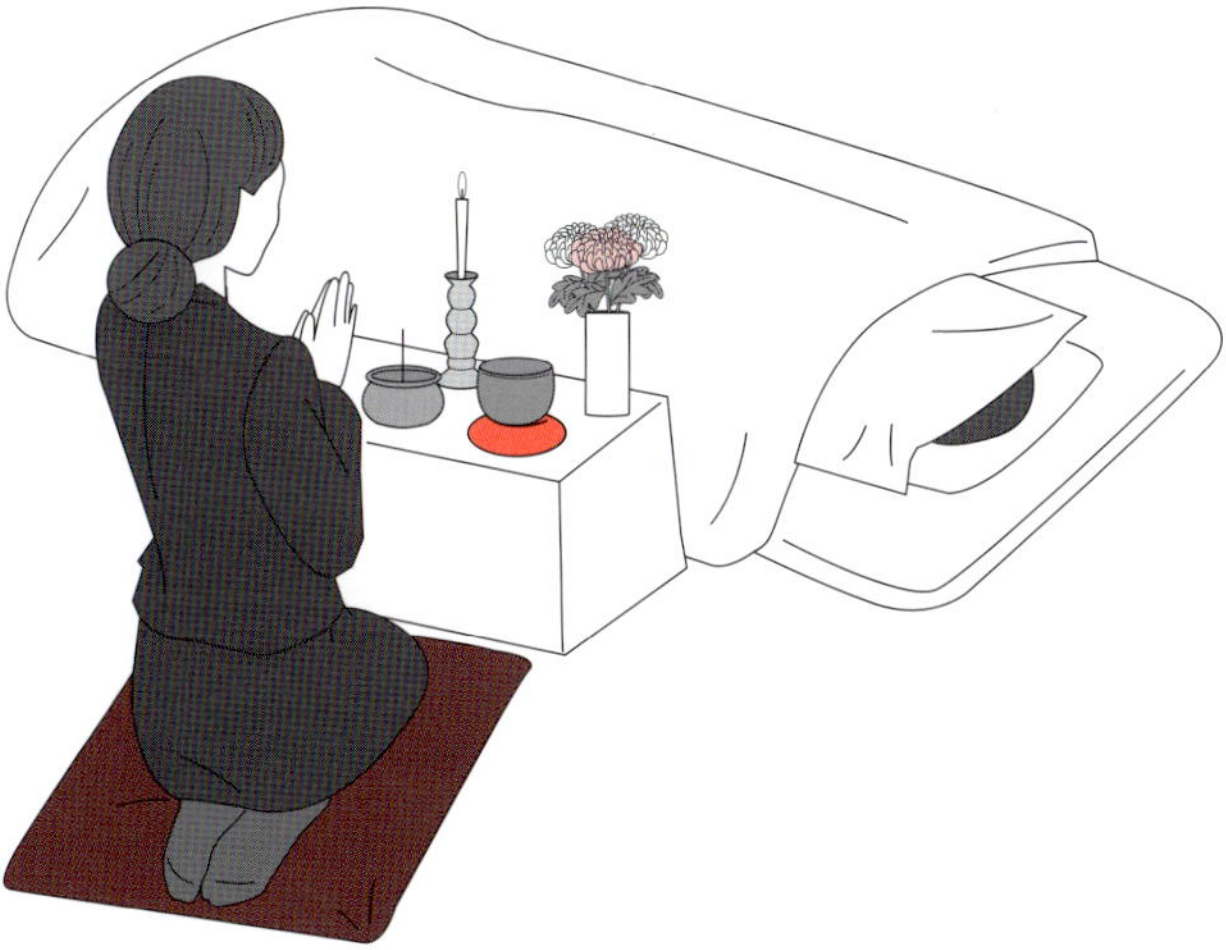

精進落とし

仏教では、死後四十九日までを忌中とし、その期間中は肉や魚を食べず、菜食料理で過ごす風習がありました。四十九日が過ぎ、忌明けとなると、初めて通常の食事に戻っていたといいます。これを「精進落とし《しょうじんお》」と呼んでいました。

しかし、現実には四十九日間も肉や魚を避けるのは難しいうえ、お通夜には寿司や肉類を出すところも多くなってきています。そうしたことから現在では地域や宗派によっても異なりますが、葬式のあとに行う初七日法要の際に、僧侶や世話役、近親者、友人などの労をねぎらう宴席というかたちで行うケースが多くなっています。

また最近では葬儀の式場と火葬場が隣接している施設もあり、火葬の間に精進落としを行うところもあるようです。

精進落としの席順は、僧侶や世話役が上座になり、次に友人、近親者と続き、喪主や遺族は、おもてなしをする立場になります。喪主挨拶のあと、飲食に入り、遺族は席を回って、一人ひとりにお礼の言葉を述べます。

年忌法要

死後、満一年目の一周忌の祥月命日《しょうつき》に故人を偲び、冥福を祈る法要を一周忌法要といいます。祥月命日とは亡くなった月日のこと。たとえば、二月十日に亡くなったとすれば、毎年二月十日が祥月命日となります。

仏式では一周忌の次の翌年二年目を三回忌とし、その後死亡年を含めて数え、七年目に七回忌をし、その後十三回忌、十七回忌、二十三回忌、二十七回忌、三十三回忌と奇数の三と七の入った年の年忌が続きます。

それ以降は五十回忌、百回忌となり、五十年目ごとに法要を営みます。鎌倉時代から室町時代ごろには三十三回忌で永代供養を行い、それで法要は打ち切ったようです。そのために「弔《とむら》い上《あ》げ」といって、三十三回忌まで営むのがしきたりになっていました。神式では一年祭、五年祭、十年祭、二十年祭、三十年祭、四十年祭、五十年祭、百年祭として故人を偲び冥福を祈る儀式が行われます。

この法要は故人の冥福を祈るのはもちろんですが、遺族のその後の姿を親戚や友人に見届けてもらうという意味が込められています。法要に呼ばれたら、よほどの用事がない限り、出席するのが礼儀です。

年忌法要は正式には故人の祥月命日に営むものですが、都合によって変更しなければならない場合には命日よりも遅くならないようにするのが習わしです。場所は自宅や料理店などで行いますが、自宅で営む場合は仏壇や神棚を掃除し、仏具や線香、ローソク、お花などをととのえるのがしきたりです。

服装は年が経つにつれて、平服に近くなり、五十回忌を過ぎた法要なら、むしろおめでたいこととして、晴れ着を着たりすることもあります。法要にはお供え物を持参するケースが多かったようですが、最近では現金を包むのが一般的になっています。

参考文献

飯倉晴武編著『日本人のしきたり』（青春出版社）
飯倉晴武監修『日本人　礼儀作法のしきたり』（青春出版社）
近藤珠實著『日本の作法としきたり』（ＰＨＰ）
坂東眞理子監修『礼儀作法としきたり』（ＪＴＢパブリッシング）
新谷尚紀『日本人の春夏秋冬』（小学館）
新谷尚紀『和のしきたり』（日本文芸社）
家庭画報特選『今どきの冠婚葬祭』（世界文化社）
岡田芳朗『こよみ歳時記』（講談社）
三橋健『図説　子どもに伝えたい日本人のしきたり』（家の光協会）
酒井美意子監修『冠婚葬祭心得集』（家の光協会）
樋口眞理監修『これ一冊で結納と結婚のしきたりがわかる本』（日本文芸社）
真田誠『断り状・催促状・詫び状文例事典』（オーイズミ）
『日本の年中行事事典』（吉川弘文館　二〇一二年発行）
『大辞林第三版』（三省堂　二〇〇六年発行）
『広辞苑第六版』（岩波書店　二〇〇八年発行）
『新明解国語事典第六版』（三省堂　二〇〇五年発行）
『二分でわかる仏事の知識』（鎌倉新書）
『世界大百科事典　第２版』（平凡社）

飯倉　晴武（いいくら・はるたけ）
1933年東京生まれ。東北大学大学院修士課程（日本史専攻）終了。宮内庁書陵部図書課首席研究官、同陵墓課陵墓調査官等を歴任。93年退官後は、奥羽大学文学部教授、日本大学文理学部講師などを経て現在は著述に専念。
著書・編著書は『日本人のしきたり』『日本人　数のしきたり』『日本人　礼儀作法のしきたり』（以上、青春出版社）、『日本人の数え方がわかる小事典』（PHP研究所）、『天皇文書の読み方、調べ方』（雄山閣出版）、『古文書入門ハンドブック』（吉川弘文館）など多数。

Creative Staff
編集協力―――砂川　労
装丁・デザイン―――根本眞一（株式会社クリエイティブ・コンセプト）
本文・装丁イラスト―――おの　たまみ

イラストでわかる日本のしきたり

2013年11月15日　第一刷発行

編　著―――飯倉晴武
発行者―――三浦信夫
発行所―――株式会社素朴社
〒164-0013　東京都中野区弥生町2-8-15
ヴィアックスビル4F
電話：03-6276-8301　FAX：03-6276-8385
振替　00150-2-52889
http://www.sobokusha.jp
印刷・製本―――壮光舎印刷株式会社

ISBN978-4-903773-18-6　C0039　価格はカバーに表示してあります。